大人和小孩的一千零一夜

林蔚昀 文

BIANCO 圖

目錄

第一卷 我是誰呀？

第二卷　讓人又愛又討厭的別人

第三卷　世界是一所學校

第四卷　孩子喜歡的圖書

就是林蔚昀！討論繪本和童書的文字，同樣有著她獨特的味道，一如我認識的她：認真活著、認真思考、認真對待周邊的人與世界……這不僅是一本林蔚昀分享繪本與童書的書，更是林蔚昀的真實人生。喜歡這本書裡每一篇的標題，像一首短詩，輕敲我們的心。

——**吳在媖**（兒童文學作家、繪本人生寫作課帶領人）

蔚昀以「我們不了解孩子」作為起點，試圖理解孩子行為表象背後的幽微感受。她時常寫到「重要」二字，那接續其後的道理往往不是向我們說教，而

是她積極地在嘗試、犯錯、修正、再次嘗試的英雄之旅上，切實體驗到了生命對她的教誨。於是，她寫下的那些重要頓悟，也在一種不斷反省、辯證、翻轉的動態過程中，揭示了她是如何學習成為一個母親。她總是務實地看清各種條件中的可能性，再因應找出那具有狂想性格的作法，毫無疑問，真正的詩就是在種種限制下突圍和萌生的。

——**吳俞萱**（詩人、實驗教育工作者）

林蔚昀帶領讀者從繪本裡走進日常，再讓讀者從生活中走進故事裡，來回穿梭其中；故事豐富了作家的居家生活，也精采了我們的閱讀經驗。

——**陳培瑜**（閱讀推廣人）

陪伴孩子的同時，也讓自己過一次童年的母親的私房寶典……

——**游珮芸**（作家、臺東大學兒童文學研究所所長）

憤世媽媽不是一開始就憤世，也不是一開始就是媽媽，更不是一開始就讀那麼多繪本。憤世媽媽很注重兒童權利，但還是會跟小孩吵架，而且會很誠實的承認自己的不足。這是我喜歡憤世媽媽的原因。而這本書讓我印象深刻的是她說：「讀繪本對我來說，是理解孩子和自己的工具。」這裡的工具，指的不是教你解決教養問題的指南、說明書，而是像鏡子一樣讓你照見自己，又像放大鏡讓人看到原本不知道的世界，甚至也有些像橋梁，連接了自己與孩子之間的關係。

——**廖瞇**（作家、獨立教育工作者）

這是本親子共讀必備的故事指南！從大便到出門去冒險，從阿公阿嬤的無邊溺愛到手足相處的甘苦談，育兒之路會遭遇的種種問題，作者幾乎都涵蓋到了，簡直太貼心啦（手比愛心），買起來！

——**潘家欣**（詩人）

「童話不是乘載夢想的迷幻劑，而是喚醒現實的清醒劑。」這句出自韓劇的臺詞，最能說明那些為孩子唸故事的上千個日子裡，我們是如何因故事拓展了自己的生活視野，加深了對世界的認識。故事的主題總是涵蓋孩子的成長環境，也挖掘出成人在日復一日生活裡疏忽遺忘的那些事。昨天、今天、明天，我們就算讀了一〇〇一夜也還不夠呢！

——**諶淑婷**（文字工作者）

作者序

透過繪本，看見兒童——寫給曾經是孩子的大人們

「沒有孩子——只有人；但是他們的認知和我們不同，經驗和我們不同，衝動和我們不同，情感和我們不同。我們要記得，我們不了解他們。」

波蘭兒童人權之父雅努什．柯札克如是說。

我一直很喜歡他這段話，這裡面有兩個重點：

孩子是和大人平等的人，這是第一個重點。

大人不了解孩子，這是第二個重點。

可是，大人也曾經是孩子。為什麼曾經是孩子的大人，長大後卻忘記當

一個孩子是什麼感覺了呢？為什麼大人無法了解、同理兒童？為什麼當大人還是孩子的時候，討厭身邊大人對待他的方式，長大後，卻用同樣的方式對待孩子？

這些疑問，是我在當媽媽之後，一直在思索的。小時候，我討厭媽媽陪我睡覺時，總是叫我「快去睡」。那時我總是委屈的想：「為什麼她不想和我在一起？」沒想到，等我當了媽，一天到晚也都在對孩子說：「快去睡！我等一下還要工作！」小時候，我開口閉口都是：「好無聊喔。」長大後，聽到小孩說「好無聊喔」，我反而會罵他們：「無聊就自己找事做！我想要無聊都沒辦法無聊呢！」

我會為了好多事罵小孩，罵他們不穿衣服，罵他們拖拖拉拉，罵他們講都講不聽。叫他們不要在家踢球，他們偏偏要踢；叫他們不要跑來跑去，鬼吼鬼叫，他們偏偏要這樣做；叫他們不要看 YouTube 了、不要再玩了、要回家了，他們卻一直說：「等一下！等一下！」或「馬上！」然後，繼續看，繼續玩。

當然啦，我知道罵沒有用，也會提醒自己要換位思考，不要成為我小時候不想成為的那種大人（我罵孩子那些話，都是我小時候聽過，而且覺得好討厭的呢）。要同理孩子，要記得「他們只是孩子，他們還在學……」，但總是失敗。我無法真心理解孩子在想什麼，為什麼做出這樣，而不是那樣的行為。所以，我也無法同理他們。

直到，我看了柯札克的兒童小說《當我再次是個孩子》，才能稍微理解孩子的想法和感受。柯札克寫到，一群男孩在下課時，去學校中庭瘋狂打雪仗，聽到上課鐘響了，沒有馬上進教室，反而更瘋狂的玩耍。他們是因為叛逆而這麼做嗎？不是的，而是「鐘聲會讓我們更有力氣玩，就像是行軍時的樂聲。如果在鐘響前，我們還為了保留力氣，有一點點矜持，現在我們則完全放手一搏。我們要把力氣用盡、用到底、把最後一點點碎屑般的能量，完全傾倒出來，像是清晨前的最後一支舞。」

因為知道遊戲要結束了，因為捨不得，所以要把握最後一分鐘玩好、玩滿。這個道理我也不是不知道，但知道是一回事，看到柯札克用如此細膩的方式寫出來，讓我能感同身受，又是另一回事。在《當我再次是個孩子》中，有許多這樣讓我恍然大悟的片刻，而在繪本和兒童小說中，也有許許多多讓我明白「啊，原來孩子那時候是這樣想／這樣感受」的畫面。

原來，大人不是不能明白、同理孩子，只是需要有人提醒，讓他們重新想起，那些他們在成長過程中不被允許，於是必須隱瞞、壓抑、遺忘的感覺。這是我寫《大人和小孩的一千零一夜》的初衷——我就是透過繪本和兒童小說，去理解孩子和孩子的世界，而孩子也透過閱讀理解自己、他人和世界。

自己、**他人**和**世界**是這本書的主軸。每個人來到世上，都是先認識自己、對自己感興趣；然後認識他人，對他人感興趣；最後認識這個世界，對世界感興趣。在第一卷〈我是誰呀？〉，我會談談一些和孩子的身體、心靈、情緒、思想有關的想法，以及相關的繪本。在第二卷〈讓人又愛又討厭的別人〉，我會談談孩子最熟悉的他人（媽媽、爸爸、祖父母、手足、朋友同學），還有自己和他人的互動。在第三卷，則會談談孩子和世界的互動，以及我覺得孩子在世界上立足，需要知道的事，以及對他們來說重要的事。

因為第一卷到第三卷都是媽媽在碎碎念和列舉書單，為了讓孩子也能有發聲的機會，所以在第四卷，我列舉了一些孩子們在不同年齡層喜歡的書，也說了說我對這些書的觀察。原本我希望，他們可以自己說說喜歡的理由。但是因為有截稿期限，所以作罷。而且，當我問孩子為什麼喜歡，孩子的回答通常只有簡短的「不知道」或「很好玩／很有趣」，那好像也沒什麼好寫的……小孩喜歡什麼東西，或不喜歡什麼東西，好像不需要太多理由，反而是我們大人需要比較多理由。

必須說明的是，這不是一本繪本導讀，所以不會有文本或圖像分析。我不是繪本研究家，只是一個讀繪本的媽媽。繪本對我來說，是理解孩子和自己的工具。但是，當我說「工具」的時候，我的意思不是要家長拿這本書來「教小孩」。老實說，我很怕「拿書來教小孩」，或者說，就算要教，也應該是要用潛移默化的方式，讓孩子自己去理解，而不是用力說教。我覺得，閱讀應該是一件愉快的、自己想做才做的事，如果連愉快的休閒活動都要「寓教於樂」，那搞不好就不會想做了啊。

我不會用繪本去教小孩，而是試圖打開對話的可能，看看繪本和小說如何能與生活互動。所以，幾乎每一篇開頭，都會有一個日常生活的場景，然後發展出一些融合教育想法、繪本閱讀和日常觀察的隨想。這本書原本是我在《人本教育札記》寫的每月專欄，寫了二十個月，所以也可以說，這是我用繪本和隨想的形式，在寫我和孩子的成長日記（讀者會發現，文中的孩子年齡有改變，想法也有改變。同樣的，我也在改變）。我期望，這不是一本教大人怎麼教孩子、可以從繪本中得到什麼的書，而是一本讓大人習慣孩子、熟悉孩子、了解孩子（以及自己的內心小孩）的書。這麼一來，大人在和孩子相處的時候，可以放過孩子，也放過自己（笑）。

不過，這也不是一本讓大人自我感覺良好，「喔耶，那我們就一起當小孩吧，不用管社會規範怎麼說了」的書。童年無法重來，我們大人再怎麼努力，都無法回去當小孩了；小孩再怎麼不想長大，也無法留在童年（其實，小孩是害怕長大，又期待長大的）。做父母的人，要記得自己必須引導孩子進入社會。在社會化的過程中，會有各種挑戰及挫敗，父母了解了這些挑戰和挫敗，就更知道如何引導、陪伴孩子。雖然這本書主要是寫給大人看的，讓他們了解什麼是小孩，但也讓大人可以和孩子共讀，讓孩子了解自己和大人，並讓大人小孩一起討論一些事（但千萬不要強迫討論，也千萬不要強迫小孩讀書）。

繪本讓我看到：**有各種各樣的孩子，孩子會遇上各種各樣的事，這是正常的**。其實不只繪本，文學的價值對我來說也在於此。文學說：我們不必活成某一個特定的樣子。我們可以是我們自己。一定可以找到一個方式，讓我們是我們自己，但也可以在世界（的修羅場）上活下去。

1 我是誰呀？

「媽媽，你是誰呀？」孩子最近常常問。

我：「我是媽媽呀。」

老二：「喔，你是你媽媽呀。」

老大不滿意：「不是，你不是媽媽。」

我：「我是吸血鬼呀。」

老大哈哈大笑：「好啊，你來吸我的血啊。」然後又問：「你是誰呀？」

這樣對話，可以這樣無限迴圈下去。有一次我真的掰不出來了，反問：「那我是誰啊？」

老大：「你是你呀。」

我是我，真是個好答案。
但我又是誰？我又是什麼呢？
「我」是個奇妙的東西，會跑會跳，會吃喝拉撒，會思考，會作夢，會出生，會死掉。
「我」是個永遠的大哉問。孩子們也在問自己這個問題，所以他們才會不停的追問。
第一夜到第八夜，就讓我們來談談關於「我」的二三事，從最簡單的吃喝拉撒，聊到情緒、人我分際和「我從哪裡來、要到哪裡去」。

第一夜、

道在屎溺

有一次，我媽、我家老大和我圍在尿布檯旁邊，幫小兒子換尿布。我憂心忡忡的說起，小兒子昨天大便比較稀，不知道有沒有生病。

「拉肚子嗎？還是只是便便比較軟？」我媽實事求是的問。

「比較軟。」我說，又追問：「那是什麼原因才會比較軟？」

「沒什麼原因啊，大便有時候就是比較快通過腸道，就像火車快飛一樣。」說完，這位七十幾歲、已經從心所欲不踰矩的老太太，就放聲高歌：「大便快飛，大便快飛，穿過小腸，來到大腸，不知經過幾公尺，來到直腸，來到肛門，大便出來真歡喜……」讓我們全都哈哈大笑。

可能因為身為寄生蟲學家，常要和屎溺打交道，我媽向來百無禁忌。但她同時很有科學精神，這首出口成章的歌謠裡，還有關於消化系統的知識呢。我朋友甚至開玩笑說：「叫你媽錄一張科學阿嬤唱童謠好了！一定會大賣！」

和我媽不同，我從小就有潔癖，整天都在洗手。我曾以為這樣的我，絕不可能當媽媽。但生命會自己找到出路，生了孩子後，潔癖不藥而癒，而且為了確保孩子的健康，我每天都會認真根據兒童健康手冊的「嬰兒黃金九色卡」觀察大便呢！

即便已經習慣與大便為伍，我最近卻有一個小小的困擾，就是我那七歲的大兒子，開口閉口都是大便。我知道小孩從四、五歲起，就對屎尿屁特別感興趣，上了學後更樂此不疲。雖然我有時候也會因為屎尿屁話題而哈哈大笑，但是，一直聽還是會累啊。我不懂，為什麼我問兒子要不要吃青菜，他會嘿嘿呵呵笑著回我：「那你要吃大便嗎？」他會推著大球在房間走，用《瑪莉有隻小綿羊》的旋律唱：「我是一隻糞金龜，糞金龜，糞金龜……」外婆來時，他也會沒大沒小的開玩笑：「你是一個大便／尿尿嗎？」

有時候，我會假裝沒聽到他的大便經。有時候我會斥責他：「不要亂講話！」或是回嘴：「你才是大便啦。」但是好像都沒什麼效果，我愈罵，他講得愈開心。我媽看我生氣，於是開導我：「小孩子就這樣啦，而且大便很重要啊，人生就是吃和拉。」

這樣一講，好像也有道理。確實，吃和拉是人生要務，是健康的基石。所以，市面上才會有那麼多關於怎麼吃、怎麼拉的書吧。大人看健康養生書和食譜，小孩子就看各式各樣的「消化道文學」。

說起「消化道文學」，那可真是琳瑯滿目，從吃到拉，從放屁到屎尿，應有盡有。有描繪食物從口腔到肛門旅程的《自己吃吧！》（Znak，二〇一二），有鼓勵小小孩自己上廁所的《米米坐馬桶》（和英，二〇一六），有教孩子多吃膳食纖維、有便意就要去上廁所以防便祕的《黃金便便大出來》（上人，

大便現身說法，教孩子多吃膳食纖維，養成定時大便的好習慣。

《黃金便便大出來》 朴聲槿／文，尹貞珠／圖，蕭素菁／譯，上人文化出版。

二〇一二），有介紹動物便便的科普書《屎來糞多學院》（幼獅，二〇一五），也有教人分辨各種屁的《屁：一本觀察者的指南》（Chronicle Books，二〇〇八），書中談到的屁，從無聲無息、出其不意到天荒地老，共有十種，按壓書還會發出聲音……

我喜歡結合實用知識和狂野奇想的繪本，

所以，《便便接龍》（時報，二〇一七）很對我的胃口，孩子也喜歡。故事從一個小朋友想上廁所開始，聯想到廁所很臭，然後想到爸爸的大便又臭又長，繼續想到恐龍大便也很長（下方還有補充知識：在美國華盛頓州發現了一公尺長的恐龍大便，是五千三百萬年前的化石）。接著，他又東想西想，想到大象大便（於是又介紹了一下大象大便可做環保再生紙）、麻雀大便、蠶大便（介紹蠶大便也可入藥）、兔子大便、糞金龜……最後，大便終於順利大出，故事圓滿結束。

《你不敢說的：大便故事一籮筐》（和英，二〇〇四）和《便便接龍》相反，它沒什麼敘事手法或結構，而是由科普知識主導。然而，它的有趣程度完全不下《便便接龍》。你在這本書中可以發現：狐狸的大便聞起來酸酸的，就像臭襪子。藍鯨如果吃了磷蝦，大出來的便便就是粉紅色的，看起來像一大坨草莓冰淇淋漂浮在海上。鳥爸爸、鳥媽媽為了不讓雛鳥暴露行蹤被天敵吃掉，會把牠們的便便帶到遠處丟掉。蝙蝠洞裡經年累月堆了非常多蝙蝠大便，比如在南美一個洞穴裡，每天能累積五十噸的蝙蝠大便，研究者可以在大便山上滑雪……作者尼古拉・戴維斯的文筆十分幽默，尼爾・雷登的插畫也非常好笑，兩個加在一起互相呼應，就像溫熱的蘋果派加上冰涼的香草醬一樣速配。

雖然大便這麼有內涵，可以成為一本書的主角，但有時候它也可以是緩解緊張戲劇張力的甘草，或是扭轉劣勢的救星。在李瑾倫的《子兒吐吐》（信誼，二〇一八）中，主人翁胖臉兒一開始為「吃了木瓜子，頭上會長樹」而煩惱，後來卻想：「有棵樹也不錯耶？大家可以來摘水果乘涼。」第二天一早起來卻發現：「木瓜子和便便一起大出來了！」這讓他有一點失望，也有一點安心。感謝大便，我們依然腳踏實的生活，沒有太天馬行空。

不過，史蒂芬妮・布雷克的《誰是便便噗~：超人兔》（遠流，二〇一四）就完全是一個天馬行空的故事。故事中的小兔子西蒙只會說一句話：「便便噗~」不管是媽媽叫他起床，還是爸爸叫他吃菠菜。但也因為這句話，這個小屁孩才能從大野狼的肚腹中生還，沒有變成大便……

我念《誰是便便噗~：超人兔》給兒子聽的時候，我倆都哈哈大笑，他笑得尤其高興。也許，他在小兔子西蒙身上看到自己，而且這一次，講屁話不但沒有被指責，還被表揚了呢！

這一夜我們共讀了……

1.《自己吃吧！》（暫譯，*Zjedz to sam*），*Aleksandra Mizielińska and Daniel Mizieliński*／文圖，Znak 出版，二〇一二年。

2.《屁：一本觀察者的指南》（暫譯，*Farts: A Spotter's Guide*），Crai S. Bower／文，Travis Millard／圖，Chronicle Books 出版，二〇〇八年。

3.《黃金便便大出來》（황금똥을 눌 테야！），朴聲槿／文，尹貞珠／圖，蕭素菁／譯，上人文化出版，二〇一二年。

4.《子兒吐吐》（二十五周年紀念版，中英雙語書＋CD），李瑾倫／文圖，信誼文化出版，二〇一八年。

5.《米米坐馬桶》（二版），周逸芬／文，陳致元／圖，和英文化出版，二〇一六年。

6.《便便接龍》（응가 말놀이），Kids Contents Club／文，金一

子兒，吐吐
黃金便便大出來
屎來糞多學院
便便接龍
FARTS
a spotter's guide

暻／圖，林謹瓊／譯，時報文化出版，二〇一七年。

7. 《屎來糞多學院》，張東君／文，黃麗珍／圖，幼獅文化出版，二〇一五年。

8. 《你不敢說的：大便故事一籮筐》（*Poo: A Natural History of the Unmentionable*），尼古拉．戴維斯／文，尼爾．雷登／圖，傅伯寧／譯，和英文化出版，二〇〇四年。

9. 《誰是便便噗～：超人兔》（*Caca boudin*），史蒂芬妮．布雷克／文圖，楊雯珺／譯，遠流出版，二〇一四年。

第二夜

來談談不知道怎麼談的性

大兒子最近開始對性變得很感興趣，而且不只是小時候那種開口閉口「雞雞」、「屁屁」、「ㄋㄟㄋㄟ」的玩笑跳針，他現在也會跟我說：「媽，我剛在街上看到一張很色的照片喔！」（他指的是照相館外的人體藝術攝影）我問：「為什麼色？你知道什麼是色嗎？」他卻說不知道，是聽同學說的。

同學也會說：誰誰誰和誰誰誰結婚。同學把同學（都是男生）推進女廁，於是被老師扣分。但是，老師沒解釋為什麼不可以這麼做，我也不太知道要如何清楚明瞭又簡短的解釋，所以當下只說「不可以這樣喔！」混過去。

但是，時間在流逝，孩子也在長大，對性的好奇也愈來愈多。該來的總是會來，即使覺得尷尬，不知道怎麼談、怎麼面對，還是得和小孩談性。

為什麼會尷尬？嗯，可能是因為，從小就沒有人跟我談這些事，而且大家講到性都遮遮掩掩。健康教育教了什麼，我差不多都忘了，只記得教到那課的時候，男生們發出邪邪的笑聲。性從小是禁忌，和許多人一樣，我的性知識是從漫畫、電影、小說、新聞、口耳相傳、自己摸索中得來的。長大後，我對性的態度扭扭捏捏，即使是兩個孩子的媽了，談起性依然會不好意思，也無法真心喜歡自己的身體。這樣一想，不談好像不太好，所以，更應該和孩子好好談啊。

可是要怎麼談？性教育包含那麼多面向，有生理知識、性別氣質、性騷擾、性侵害、性別平權、性別認同、性傾向……該從哪裡談起？尺度又要如何拿捏？談太少，怕孩子不懂，談太多，又怕孩子過度聯想，或者是談一談，發現自己懂的也不多。有一次，我試著和孩子談精卵結合會變成受精卵，孩子問：「那如果已經有受精卵，後來又有精子跑進來，會不會又多一個受精卵呢？」想要解釋時，竟然發現我不知道答案！

Książka z okienkami
Ważne pytania
Skąd się biorą dzieci?
蝴蝶朵朵
寶寶從哪來?
跟著小劉醫師，來玩
性教育翻翻書
Dan Höjer
Gunilla Kvarnström
WIELKA KSIĘGA SIUSIAKÓW
Bez tabu
MÓNICA PEITX Endokrynolog pediatra
KACPER DORASTA
NIEZBĘDNIK DORASTAJĄCEGO CHŁOPCA
MAJA DORASTA
NIEZBĘDNIK DORASTAJĄCEJ DZIEWCZYNKI
ilustracje CRISTINA LOSANTOS

沒辦法，只好去找書來看了。我一口氣亂槍打鳥的訂了十幾本書，有給媽媽看的教科書，也有給孩子看的繪本。如果我沒辦法教他，至少我們可以一起學吧。可是，當我開始翻閱繪本，發現很多繪本不是很說教，就是圖很醜，或是雖然在教性別，但是觀念依然刻板保守。

正苦惱時，剛好之前託老公從波蘭訂的性教育繪本寄到了。開箱一看，真是琳瑯滿目啊！有波蘭本土創作的性別繪本和性教育繪本，也有翻譯自國外的。最引人注意的是來自瑞典的《小雞雞大百科》（Rabén & Sjögren，二〇〇三），封面上有各式各樣、彷彿在做體操的小雞雞，翻開一頁，裡面還寫到在蒙大拿州的睪丸節，大家會一起吃牛的睪丸！這本書有姊妹作，叫《小妹妹大百科》（Rabén & Sjögren，二〇〇四），顧名思義，就是關於女性的性器官。

《小雞雞大百科》還有教如何用各國語言說小雞雞！歡樂歸歡樂，對八歲小孩來說，書裡面的尺度有點太寬了……我自己念起來也有點不好意思。考慮到內容、美感、我可以接受的程度，最後我選出翻翻書《小寶寶是怎麼來的？》（Usborne，二〇一六）和《布魯長大了》（Editorial Juventud，二〇一八），用這兩本書來和兒子談性。

《小寶寶是怎麼來的？》是本很可愛的、用科普角度談性教育的書。每一頁都有一個問題，比如第一頁的問題是：「小寶寶是怎麼來的？」翻開人類母親的肚子，會看到裡面有胎兒；翻開葉片，會看到底下有蝴蝶下的蛋；翻開企鵝，則會看到企鵝爸爸在孵蛋。接下來，讀者可以一步一步認識：動物和人分別是如何交配／性交的（但人類部分處理得比較隱晦……可以同場加映劉宗瑀醫師所著的《跟著小劉醫師，來玩性教育翻翻書》〔親子天下，二〇一八〕作為輔助），小寶寶要多久才會長大，人類和動物父母怎麼照顧孩子，孩子如何成長，比如怎麼飛、怎麼走，小寶寶長大後會變怎樣，毛蟲變蝴蝶，蝌蚪變青蛙，小孩變大人……很奇妙，從這個角度看，性突然變得沒那麼尷尬了，因為就是很自然的現象。

不過，《小寶寶是怎麼來的？》還是給比較小的孩子看的書。兒子的年齡，應該比較適合看《布魯長大了》。這本書的作者是內分泌小兒科醫師，所以她以實事求是的科學角度，結合輕鬆、生活化的故事，向小讀者（其實對大讀者來說也很有用）呈現男孩成長的歷程。故事的主人翁布魯是個十歲的男孩，他最大的煩惱就是姊姊一直笑他：「矮冬瓜！長不大！」父母帶他去看醫生，醫生告訴他：「女孩子十歲就開始發育，男孩要等到十一歲，這是正常的！」然後，醫生還和他解釋，男孩的睪丸也會從十一歲開始發育，要用一種叫睪丸體積測量器（orchidometer）的東西來測量大小。當了兩個孩子的媽，我也是第一次知道有這種東西！

之後，當布魯愈長愈大，他鬆了一口氣的發現，他不再是矮冬瓜了，他的腳長大了、腿也長長了（褲子都要換了），他臉上開始長青春痘，他也看到比他年長的朋友長了胸毛，同學間彼此會取笑小雞雞太小。於是，老師就和他們談陽具，談它的生理構造，也提醒男生們包皮可能藏污納垢，所以要好好清

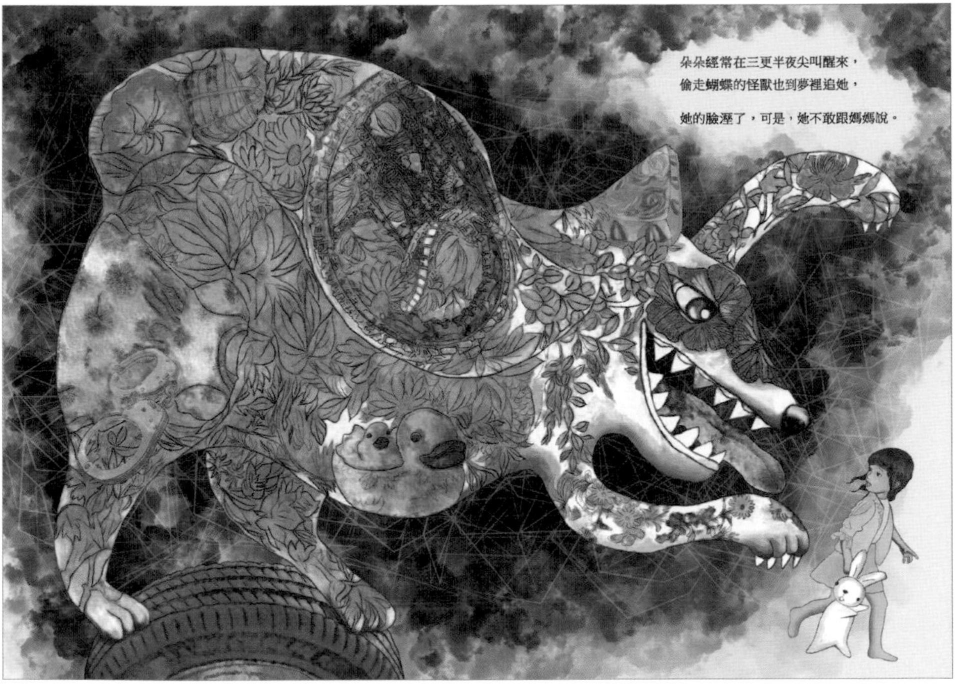
朵朵經常在三更半夜尖叫醒來，
偷走蝴蝶的怪獸也到夢裡追她，
她的臉溼了，可是，她不敢跟媽媽說。

朵朵被熟人性侵，這可怕的經驗讓她不知如何求救，幸好，媽媽後來發現了朵朵的異狀，並且讓朵朵說出內心的恐懼和傷痛。

《蝴蝶朵朵》 幸佳慧／文，陳潔晧＆徐思寧／圖，字畝文化出版。

洗……然後，布魯也經歷到夢遺與變聲，以及情緒風暴。一路上，他的父母和醫師都陪伴著他。對小讀者來說，布魯或許也可成為他們的陪伴，像個大哥哥一樣告訴他們：沒關係喔，成長路上的不安恐懼和快樂欣喜，我都會和你一起走過。這本繪本也有姊妹作，叫《米亞長大了》（Editorial Juventud，二〇一六），主角是布魯的姊姊米亞。

有經驗大人的陪伴，對成長中的孩子來說是重要的，尤其在孩子遇到挫折，甚至是壓迫與傷害的時候——這其中也包括性騷擾和性侵害。《蝴蝶朵朵》（字畝，二〇一九）就是一本在講兒童遭受性侵害的繪本，主題雖然沉重，但是作者和繪者們把重點放在性侵事件的面對和處理上，因此故事沒有陷於陰鬱和絕望中（雖然在現實世界中，情況通常沒那麼美好……）。當媽媽發現朵朵的言行變得奇怪，她化身為朵朵喜愛的小兔子玩偶和朵朵溝通，讓朵朵能信任她，放心說出自己遭受到的傷害，而媽媽也勇敢的面對、解決了問題，讓傷害朵朵的人被法律制裁，而朵朵也能重拾歡笑。

追根究柢，親子之間最重要的還是信任。有了信任，就可以談很多事，不管是人生哲理、人際關係、情緒感受、失敗挫折……還是性。只是比起其他的話題，性好像需要更多的信任，而且家長也要有能談論這個話題的自信。

我還是不知道，自己是否有足夠的自信，以平常心去和孩子談性，因為之前每次都談得很尷尬。但是，不如就邊做邊學吧！

這一夜我們共讀了……

1. 《小雞雞大百科》（暫譯，*Lilla snoppboken*），Dan Höjer／文，Gunilla Kvarnström／圖，Rabén & Sjögren 出版，二〇〇三年。波蘭文譯名：*Wielka księga siusiakow*。
2. 《小妹妹大百科》（暫譯，*Lilla snippaboken*），Dan Höjer／文，Gunilla Kvarnström／圖，Rabén & Sjögren 出版，二〇〇四年。
3. 《小寶寶是怎麼來的？》（暫譯，*Lift-the-flap. First Questions and Answers. Where do Babies Come From?*），Usborne Publishing Ltd／文圖，Usborne 出版，二〇〇二年。波蘭文譯名：*Skąd się biorą dzieci? Książka z okienkami. Ważne pytania*。

4.《跟著小劉醫師，來玩性教育翻翻書》，劉宗瑀（小劉醫師）／文圖&翻翻書設計，親子天下出版，二〇一八年。

5.《布魯長大了》（暫譯，*Bruno se hace mayo / En Bru es fa gran*，Mònica Peitx／文，Cristina Losantos／圖，Editorial Juventud 出版，二〇一八年。波蘭文譯名：*kacper dorasta. niezbędnik dorastającego chłopca.*

6.《米亞長大了》（*Mia se hace mayor / La Mia es fa gran*），Mònica Peitx／文，Cristina Losantos／圖，Editorial Juventud 出版，二〇一六年。波蘭文譯名：*Maja dorasta. Niezbędnik dorastającej dziewczynki*。

7.《蝴蝶朵朵》，幸佳慧／文，陳潔晧&徐思寧／圖，字畝文化出版，二〇一九年。

第三夜

你的規定不是我的規定

不知是不是叛逆期又到了，八歲的大兒子和我衝突不斷。早上起床、晚上上床要三催四請，軟硬兼施是家常便飯，叫他不要在弟弟想睡時吵鬧、不要把球往天花板丟免得丟到燈，他不當一回事，道歉也嬉皮笑臉。對他大吼，他不但吼回來，還學我生氣崩潰的樣子。叫他好好刷牙，免得要做根管治療，他說反正醫師說不用做（事實是，前後看了五位醫師，三位說要，兩位說不要）。叫他穿衣服，他不肯。要我幫他拿長褲，拿來不是他要的，又花半個鐘頭發脾氣、滿地翻滾，哭哭啼啼下樓，到樓下冷得發抖，又不肯開口，問他好幾次才點頭說要穿外套……

我真不知道，其他父母是怎麼面對這一切的。網路上那些說面對孩子無理取鬧要有耐心、不要和他的情緒一起起舞、要溫柔堅定設下界線講理溝通的父母和專家，我都酸葡萄的認為，他們要不是修養已臻化境，就是除了教養孩子之外，生活當中沒有其他煩惱，不然就是隱惡揚善。我也不是沒試過溫柔堅定設下界線啊，我甚至還連虎媽鷹爸的威脅利誘都試過了，只是不管軟硬通通沒用。最後只能阿Q的自我安慰：「嗯，這個時期大概就這樣吧，孩子就是會想要挑戰大人的權威，來證明自己。」

孩子的心態可以理解，畢竟我們小時候也這樣，甚至現在面對自己的父母，也要爭個我對你錯。有時候，孩子的堅持不無道理，只是每次遇到，我內心還是會忍不住罵一句：「小屁孩！」然後，先入為主的認為，孩子只是為反而反。只有在靜下來回想，或在看繪本時，我才有心情和餘裕，去思考孩子的立場和處境。

有時候，孩子反抗，只是單純的想嘗試別的可能，看看大人是在說實話、還是在騙人，就像《挖鼻孔好好玩》（采實，二〇一七）中的小象、小老鼠和小青蛙想知道爸爸、媽媽說「挖鼻孔鼻子會受傷」是不是真的，於是跑去問爺爺、奶奶，結果發現他們在大挖特挖。或者，孩子生氣，是因為事情發展不如預期，於是惱羞成怒，如同《蘑菇國王》（Dreams，二〇一三）中的國王，只因為「本王開開心心去採蘑菇，森林裡竟然沒有蘑菇」，就想要把整座森林砍掉。

我知道，有些人會盡量配合孩子的希望和要求，比如《什麼！》（阿布拉，二〇二〇）中的奶奶，孫子說他沒法睡，因為沒有毛毯、枕頭、小熊……奶奶就無中生有，把這些東西ＤＩＹ出來了。我無法如此（沒錢也沒時間啊），而且我也不覺得，當個有求必應的媽媽，對我和孩子來說是件好事。

那怎麼辦？能讓步的我盡量會讓步，比如他真的很不喜歡、我也覺得可以不用做的事那就不做。如果身體沒有特別髒，可以不洗澡、刷牙（但又怕被醫生叫去做根管，會有那麼多蛀牙，就是因為以前都不管他刷牙的事啊）、可以不要穿衣（但感冒了可是會一人中獎，全家同遊呢）。不過，要是對自己和他人做危險舉動，

獨裁將軍不准任何人踏上右邊的空白頁，命令小兵在左邊的頁面鎮守。但是大家真的會乖乖聽話嗎？

《誰都不准通過！》 伊莎貝爾・米荷絲・馬汀斯／文，柏南多・P・卡瓦洛／圖，黃鴻硯／譯，字畝文化出版。

或攸關健康安全的事，我就覺得不能退讓。

當然啦，我不讓，他也不讓，常常是兩敗俱傷。在他眼中，我可能像是《誰都不准通過！》（字畝，二〇一六）中那個將軍，不准任何人從左頁跨到右頁，既古板又獨裁，應該早點被推翻。而在我看來，他才像是《紅綠燈》（長江少兒，二〇一五）裡那個莽撞的綠燈，因為想讓一條狗過馬路，擅自變綠，造成交通癱瘓，最後還被車撞到，把爛攤子留給守規矩的紅燈收拾，是個徹頭徹尾的麻煩人物啊。

然而，不管在《紅綠燈》還是《誰都不准通過！》中，舊有規則最後還是被打破了，新的規則隨之建立。我想，這是一種必然吧。無論好壞，無論我們想不想，都必須不斷磨合，各退一步，即使這是慘烈廝殺後的短暫休兵。

畢竟，我們還是需要彼此，也必須互相合作才能一起生活，就像《麥提國王執政記》（心靈工坊，二〇一八）裡的兒童國王和成人大臣。一開始，大臣們瞧不起麥提，為他做所有的決定，卻差點讓國家輸了戰爭。麥提親上火線，證明自己會打仗後，想以其人之道還治其人之身，把不聽話的大臣打入大牢，卻發現沒了大臣和他們的經驗及智慧，他無法治理國家，甚至連打勝仗要索賠都不知

道。

於是，麥提和大臣達成了協議：他不要當個專斷的暴君，而是要當改革者。他會和大人合作，但也請大人尊重他、聆聽他的意見，「不能讓身為國王的他，必須從食物儲藏室裡偷東西，或者從花園裡偷水果給自己的朋友，或是妒忌的透過柵欄看著外面的男孩玩耍。（……）他也沒有要做什麼壞事──他只是想要像所有人一樣，當個快樂的男孩，並且希望大臣不要折磨他。」

看到這段話，彷彿看到了大兒子的影子。是啊，他也只是想快快樂樂的做自己想做的事，希望大人（爸爸、媽媽）不要忽視他的意見（即使那些意見在大人眼中匪夷所思）、不要只忙著給他一堆規定和禁止……雖然有時候他會大吼、尖叫、唱反調，但和大人的吼叫、威脅、出爾反爾比起來，根本是小巫見大巫。

像麥提國王那樣會反省的「暴君」是會犯錯、會修正錯誤的「明君」，但《小黃瓜國王》（台灣東方，二〇〇八）裡自稱「寡人」、看起來像綠色麵團的不知名生物，就是自私自利、侵門踏戶進入別人家、高傲的把自己的規定強加在別人身上，卻不遵守其他人規定，也不尊重其他人的真正暴君。和這樣的暴君沒什麼好討論的，只能義正嚴詞的反抗，把他列為拒絕往來戶。

有時候，我認為我是麥提國王；有時候，我卻不無恐懼的發現，我是那個蠻橫跋扈的小黃瓜國王。我想，孩子也是一樣的。要避免成為真暴君，必須時時提醒自己：「我的規定不是你的規定，你的規定也不是我的規定。要能讓大家都遵守，還是必須透過溝通協商（即使火藥味很重），而不是要雙方盲從啊。」

溝通是妥協出來的，而妥協是發現蠻幹沒有用的時候生出來的。有一次出門搭公車，大兒子選擇坐在公車的橫槓上，我覺得很危險，叫他不要坐，結果他就跨坐。我一直念、一直念，他覺得很煩。我回家後，還想把他留在外頭訓話，他的情緒也上來了。進門後我繼續念，他終於大爆發，我們大吵了一架。我不懂，為什麼我講這麼多次，孩子還是不聽呢？後來我冷靜下來，覺得這樣不行。所以，我決定去找孩子聊聊。兒子躺在床上，我告訴他，我不是來罵他，只是想知道為什麼，講這麼多次他還是不聽。他不說話，於是我繼續問、

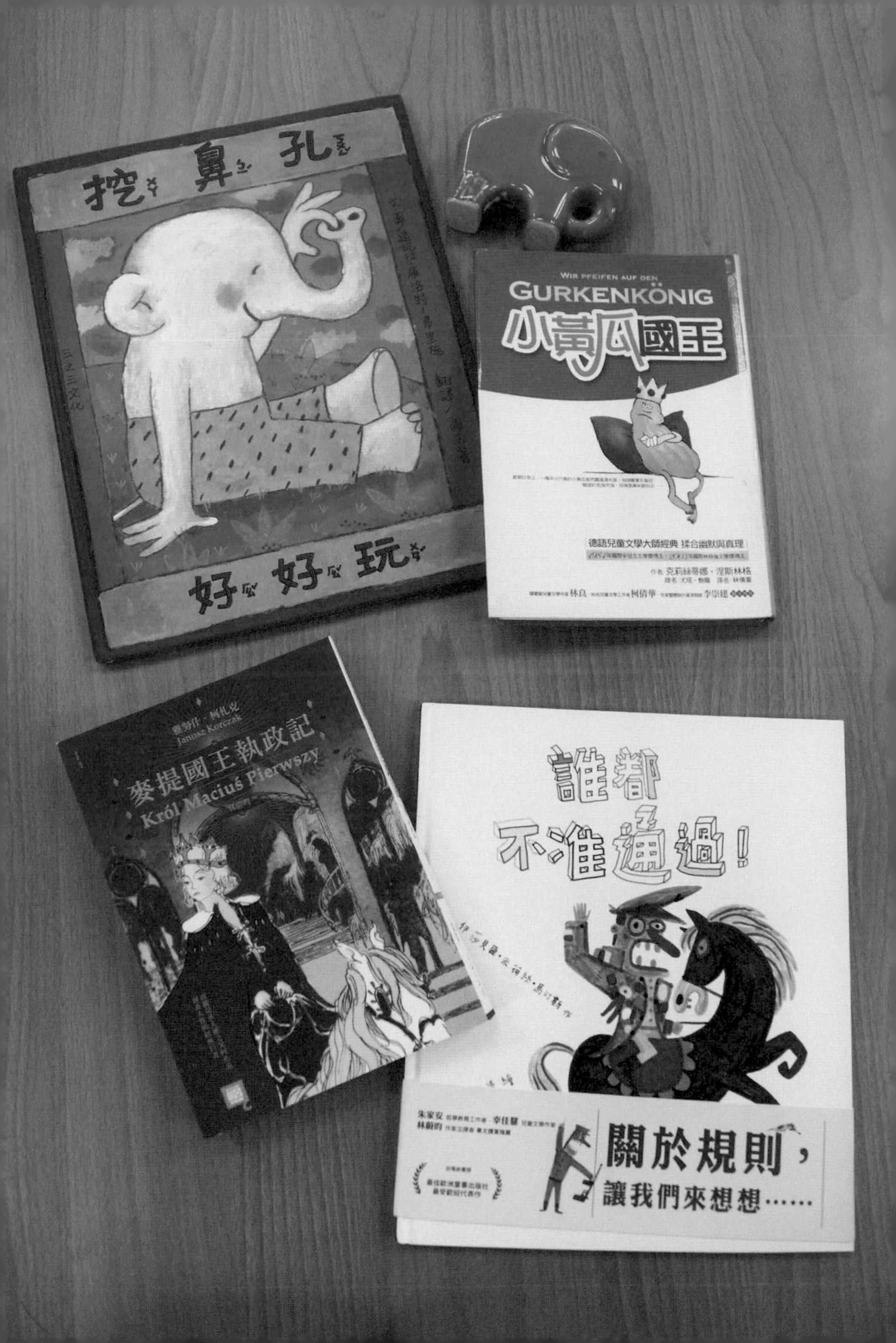
挖鼻孔
好好玩
三之三文化
WIR PFEIFEN AUF DEN
GURKENKÖNIG
小黃瓜國王
德語兒童文學大師經典 揉合幽默與真理
作者 克莉絲蒂娜・涅斯林格
雅努什・柯札克
Janusz Korczak
麥提國王執政記
Król Maciuś Pierwszy
誰都
不准通過！
關於規則，
讓我們來想想……

繼續等，直到他拿起一個厚紙板，開始寫字。於是，我們開始筆談。

他說，他覺得這樣可以節省一個座位。我問，你不想坐在真正的座位上嗎？他回答，有時候沒有其他位子。我說，可是今天有，畫了一個困惑的表情。他說，因為他已經習慣了，而且那裡離門比較近（這是真的，而且很多時候，我需要他幫我刷卡，方便我抬娃娃車下去）。我說，好的我瞭解了，但是那裡還是很危險。要是司機緊急煞車，我擔心你可能會摔下去。他說，OK，畫了一個遵命的手勢。我說，Thank you。如果你真的要坐那，請你要非常小心，晚安。

所以，之後就天下太平，他就沒有跨坐在橫槓上了嗎？才不可能啦。他有時候還是會坐，我學會反應不要那麼激烈，也持續提醒他要注意。我想這件事對我來說，最大的收穫不是結果，而是我們找到了一個可以溝通的方式。

這一夜我們共讀了……

1.《挖鼻孔好好玩》（*Nasebohren ist schön*），達妮拉．庫洛特／文圖，林硯芬／譯，采實文化出版，二〇一七年。

2.《蘑菇國王》（暫譯，*Grzyby i Król*），Bohdan Butenko ／文圖，Dreams 出版，二〇一三年。

3.《什麼！》（新版）（*What! Cried Granny*），凱特．林／文，艾瑞恩．強森／圖，林真美／譯，阿布拉教育文化出版，二〇二〇年。

4.《小黃瓜國王》（*Wir pfeifen auf den Gurkenkönig*），克莉絲蒂娜．涅斯林格／文，尤塔．鮑爾／圖，林倩葦／譯，台灣東方出版，二〇〇八年。

5.《誰都不准通過！》（*Daqui ninguém passa !*），伊莎貝爾．米荷絲．馬汀斯／文，柏南多．P．卡瓦洛／圖，黃鴻硯／譯，字畝文化出版，二〇一六年。

6.《紅綠燈》（Rouge et Vert），加布里埃爾．蓋伊／文圖，邢培健／譯，長江少年兒童出版社出版，二〇一五年。

7.《麥提國王執政記》（*Król Maciuś Pierwszy*），雅努什．柯札克／文，林蔚昀／譯，心靈工坊出版，二〇一八年。

第四夜

不要怕，只是情緒而已

大兒子有一天問我：「為什麼要有情緒？」我一時之間不知道如何回答。對啊，我也沒想過這個問題……只好搬出愛麗絲．米勒（Alice Miller）在《身體不說謊：再揭幸福童年的祕密》（心靈工坊，二〇一五）中說的，情緒是一種保護我們的東西，讓我們可以了解自己……但我也忘了她是不是這樣說的，後來回去查，發現她是引用神經學家安東尼奧．達馬西奧（Antonio R. Damasio）的話：「情緒並非奢侈品，而是一種生存鬥爭的複雜輔助工具。」天啊！這句話太複雜了！連我都看不太懂，要怎麼和小孩解釋？但他的意思應該是說，情緒是一種生活的必需品吧！

情緒看不見、摸不到，但是好像很重要，而且，似乎很多人怕它。坊間好多關於情緒的書，書中總有情緒管理、EQ、不要被情緒牽著走、做情緒的主人、情緒勒索、情緒會傷人、情緒問題、情緒失控、好好生氣、情緒控制力、暴走、負面情緒、教出好情緒、為什麼哭、為什麼生氣……等字句，如果拿掉主詞，還真的會以為，情緒是某種野獸。

情緒真的那麼可怕嗎？應該沒有吧！畢竟，它就在我們身體裡，是我們遇上事情的自然反應。但是，情緒也似乎很可怕，它會讓我們摔門、摔東西、尖叫、打人、做出自己都想像不到的事。

雖然我知道，遇到小孩生氣時，最重要的是，不要隨著他的情緒起舞，不要他大吼就吼回去，不要說「不要哭！」或「有什麼好哭的／好生氣的？」或「我才想生氣呢！」或「要哭就給我回房間哭！」但我還是說了很多次……無可否認，情緒會激起強烈的情緒，這也是為什麼當大人撞見孩子的情緒，會趕快想要拿蓋子把它蓋起來、強制關機、眼不見為淨。

也許，正是因為情緒那麼難搞，又那麼有破壞力，關於情緒的繪本才那麼多。比較功能性的有賴馬的《愛哭公主》（親子天下，二〇一九）和《生氣王子》（親子天下，二〇一五），兩者都用平易近人的方式，讓孩子看到「哭」和「生氣」帶來的破壞（搞砸派對、不能去遊樂園玩），也教孩子和大人怎麼用正面的方式（深呼吸、念咒語、改變觀點）避免情緒的大爆發。

我自己覺得，這兩本書有點說教，我比較喜歡賴馬的另一本書，《我變成一隻噴火龍了！》（親子天下，二〇一六）。主角阿古力因為生氣而噴火，以及意外透過淚水澆熄怒火，非常傳神，小孩確實氣到哭，哭完就會平靜下來。哭泣是一種宣洩，有時候哭完就好了，就像《下眼淚雨的一天》（小典藏，二〇一七）裡那些哭泣的動物們（當然，有一隻善解人意的小熊陪牠們度過傷心，也是很重要的啦）。不過，兒子非常喜歡《愛哭公主》和《生氣王子》（他是賴馬超級大粉絲），而且他覺得，這兩本書用很簡單的方式教小孩面對情緒，超棒的（好的，對兒子來說有用就好，這是重點）。

《菲菲生氣了——非常、非常的生氣》（三之三，二〇〇一）也是一本講生氣的繪本，說教意味沒那麼濃，但還是有。菲菲是個小女孩，本來玩得很高興，但姊姊和她搶玩具（而且媽媽還說：「輪到姊姊玩了！」），菲菲一氣之下衝出家門，爬到一棵樹上，看著碧海藍天，感到「這個廣大的世界安慰了她」。於是，她覺得好多了，回到家與家人開心重聚，也不生氣了。雖然這個作品描述的情景很真實（有時候小孩自己去靜一靜，真的就不生氣了），但是我每次看到它都會很困惑：「然後呢？散散步就好了嗎？整件事誰對誰錯，都不知道啊？大圓滿真的圓滿嗎？」（我承認我很龜毛。）

不管是《愛哭公主》、《生氣王子》、《我變成一隻噴火龍了！》還是《菲菲生氣了——非常、非常的生氣》，這些書中的情緒都被定調為「負面、有破壞力」，必須想個方法消除、化解。但是，情緒有沒有可能有建設性，可以給我們帶來一些正面的東西呢？

我看過唯一肯定生氣正面價值的繪本，是挪威的《乖小孩》（Cappelen Damm，二〇〇二）。《乖小孩》的主角露西是個很乖、很安靜的小女孩，就像白粉筆、格子筆記簿一樣安靜。她總是笑嘻嘻，總是在課堂上回答問題。但是，正因為露西這麼乖、這麼聰明、這麼安靜、這麼不需要人擔心……人們漸漸不再注意到她。

有一天，露西消失到牆壁裡面，她的家人很擔心、難過、著急，到處尋找。露西看著她的家人，想要求救，但是她叫不出來，只能微笑……因為她只會微笑。突然，露西感覺到她的喉嚨很癢，身體裡有東西在痛……她直起身子，開始尖叫，她的尖叫聲穿破牆壁。大家看到她時，都好驚訝。這是露西嗎？這是那個我們熟悉的、又安靜、又乖巧的露西？大家都嚇壞了。但是在此同時，大家也發現，在牆壁裡面還有好多好多像露西一樣又乖、又安靜的女孩

（還有一個老奶奶呢）。現在，因為露西的叫聲把牆壁開出一個洞，她們終於可以出去了……

雖然很多看過書的朋友，覺得女孩們從牆上浮現的畫面很驚悚、很伊藤潤二，我卻覺得很溫馨。因為，這好真實啊！從小到大，許多孩子（尤其是女孩）都被人告誡：「不可以生氣、不可以大吼。」然後，他們慢慢失去了自己的聲音、意見、想法。生氣雖然看起來可怕，卻是他們唯一能讓自己被聽到、被看到的方式。沒錯！過強、過長又沒有得到適當引導的憤怒會造成破壞，但是讓人失去自我的壓抑氛圍，何嘗不是一種暴力？故事最後，露西會挖鼻孔了，不再那麼整潔乾淨，會大口吃香腸，會笑了，她沒有變成壞小孩，就是一個普通小孩，有普通小孩會有的情緒。

其實，除了哭和生氣，還有好多情緒，也值得我們關注。比如喜悅、快樂、悲喜交加、被遺忘、被遺棄、被誤會、不知所措、嫉妒、被別人的情緒牽動的情緒……另外，要怎麼處理情緒背後的問題，也很重要。

「嗯，我想……
你需要一些面紙……
還有一個護目鏡！」
小熊溫柔的
幫獅子
擦擦眼淚。

動物們因為各種原因哭泣，善解人意的小熊陪牠們度過傷心，或提供解方，讓牠們不再哭泣。

《下眼淚雨的一天》 盧貞穎／文圖，小典藏出版。

其實，很多時候小孩（還有大人也是）只是需要一個地方可以發洩、處理、消化自己的情緒。不管是菲菲跑到外面，讓廣大的世界安慰她，還是瑞典繪本《吉坦躲起來了》（Rabén & Sjögren，二〇一一）中的吉坦，在被誤會後躲到衣櫃，和一些像貂一樣的生物玩耍，於是可以重新面對現實，都是一個抽離的動作。抽離可以讓我們暫時不用面對傷害和混亂的情緒（很多時候，情緒是混雜在一起的，在生氣之中可能也有受傷、悲傷、愧疚、不安、擔心、害怕），可以冷靜下來，用新的角度、方式看事情和解決問題。

只是啊，有時候，家裡沒有這樣可以讓人安靜的角落。或者，有時候你就是想讓大家看到你在生氣（不管大人小孩都是如此），希望有人來拍拍抱抱。但是，激烈的言行不但無法引起他人的關心，反而會讓別人更生氣。這種時候，如果有人說：「要哭請到你房間哭！不要在這裡！」在情緒上頭的人並不會把「去旁邊冷靜一下」當成是一個抽離的機會，而是會覺得自己被排擠、拒絕，搞不好反應會更激烈。好幾次，我在孩子生氣哭泣、亂丟東西時，會對他們說這句話。但想想，我自己生氣大哭時，聽到老公叫我「去房間冷靜一下」，通常我會更抓狂……

要怎麼同理，但是又保持界線，不讓自己或他人受傷害？要如何讓人冷靜（大人小孩都一樣），又不會讓對方覺得被拒絕、被拋棄？這和「to be or not to be」一樣，是個問題啊。面對這個問題就像騎腳踏車一樣，沒有速成的方法，只能靠大家一起不斷練習。如果吵架、生氣是日常生活的一部分，我們可以練習愈吵愈好，生氣的時間愈來愈短。

這一夜我們共讀了……

1.《身體不說謊：再揭幸福童年的祕密》（心靈工坊，Die Revolte des Körpers，Alice Miller／文，林硯芬／譯，心靈工坊出版，二〇一五年）。
2.《愛哭公主》（新版），賴馬&賴曉妍／文圖，親子天下出版，二〇一九年。
3.《生氣王子》，賴馬／文圖，親子天下出版，二〇一五年。

愛哭公主
生氣王子
我變成一隻噴火龍了！
菲菲生氣了
—非常、非常的生氣
下眼淚雨的一天

4.《我變成一隻噴火龍了》（創作20週年紀念版），賴馬／文圖，親子天下出版，二〇一六年。

5.《下眼淚雨的一天》，盧貞穎／文圖，小典藏出版，二〇一七年。

6.《菲菲生氣了：非常、非常的生氣》（*When Sophie Gets Angry--Really, Really Angry...*），莫莉．卞／文圖，李坤珊／譯，三之三出版，二〇〇一年。

7.《乖女孩》（暫譯，*Snill*），Gro Dahle／文，Svein Nyhus／圖，Cappelen Damm 出版，二〇〇二年。

8.《吉妲躲起來了》（暫譯，*Gittan gömmer bort sej*），Pija Lindenbaum／文圖，Raben & Sjögren 出版，二〇一一年。

第五夜

想像共和國

大兒子告訴我，外公、外婆家的圍棋棋盤上有蝙蝠大便，因為蝙蝠會在晒衣服時飛進來。他轉述外婆說，家裡有蝙蝠會帶來好運，因為蝙蝠會吃蟲子。

我很好奇，於是打電話問了媽媽。媽媽哈哈大笑說：「真是太有想像力了！」但是，那一瞬間，我真的相信了大兒子說的事情，因為這個故事好浪漫啊。而且，大兒子說這些事情的時候，信誓旦旦、眼神真誠。即使後來查無此事，他依然堅持：「有蝙蝠！」

或許，家裡真的有蝙蝠來過，只是我們沒看到？或者，他在外面（比如公園、街道上）看到蝙蝠，然後把「蝙蝠」和「家」這兩個畫面連在一起了？又或者，蝙蝠雖然是想像的，但在他的認知中，想像和現實的界線，並沒有像大人那麼清楚分明？甚至，想像就是現實？

我們小時候都經歷過這段時光吧，被大人抬著、抱著，於是以為自己會飛。出門要穿鞋子、外套，於是認為穿上鞋子、外套就可以出門了，彷彿說出「芝麻開門」的通關密語。看到書中有樓梯，會把小小的腳趾頭踩上去，說：「爬！」以為自己真能進入那個世界。但是，只有小孩會這樣想嗎？哦，不是的，我們的祖先也以想像來解釋世上各種現象，這就是神話和傳說的由來。

後來，有了科學，想像不再是一切，但依然在文學、藝術中扮演重要的角色，甚至在科學領域，也可以促使人類做出新發明、新發現。以往許多科幻小說中的想像事物，如視訊通話、ＡＩ，今日都已成現實。

想像不只是一件重要的事，還是一件愉快的事。從小到大，我最喜歡的休閒娛樂之一，就是翻開旅遊書、食譜書，想像自己到遠方去旅遊、做了好吃的菜。和兒子在一起，我們也喜歡用接龍方式來編床邊故事，我們的〈后羿射日〉有好幾個版本，其中一個版本中，后羿不是被嫦娥拋棄，而是吃了假的長生不老藥就死了。而在另一個版本中，所有地上的一切都脫水變乾了：人乾、羊乾、牛乾、大便乾、電鍋乾、房子乾……連后羿也變成了半個后羿乾。

這些故事很天馬行空、無厘頭，有些充滿惡趣味，但總讓我們狂笑不止，差點興奮到睡不著。讀繪本時，我也喜歡和孩子選一些充滿狂想、無厘頭的繪本，讓彼此輕鬆一下，畢竟，並不是什麼事都需要「寓教於樂」啊。

我最喜歡的一本狂想繪本，是偶然在圖書館發現的《高麗菜弟弟》（臺灣麥克，二〇一四）。高麗菜弟弟（他真的是一個人型高麗菜）在田野間散步，遇到一隻飢腸轆轆、想把他吃掉的豬。高麗菜弟弟說：「如果你把我吃掉，就會變成高麗菜！」說著說著，天空就飄過了變成高麗菜的大猩猩、獅子、蛇（看起來像是串燒丸子）、鯨魚（真的非常大又非常綠）……雖然故事簡單而且可預期（就是所有動物變成高麗菜飛過天空），但因為繪圖風格大膽、新奇，還是令人每翻一頁，就迫不及待想看看，下一頁會出現什麼樣的高麗菜？

有些故事不像《高麗菜弟弟》那麼脫離現實，而是以現實為基礎，但是

來喝下午茶的老虎
做一個
機器人
假裝是我
棉被國的小矮人
浣熊洗車中心
貓熊澡堂
文·圖 tupera tupera
秘
貓熊澡堂

提出一個完全沒人想過的視角，令人驚喜。在《貓熊澡堂》中（小魯，二〇一四），貓熊一家三口，走入一間只有貓熊才能進入的澡堂，在看他們洗澡時，讀者發現：原來貓熊的黑眼眶只是墨鏡！而他們黑黑的手腳是襪子！除此之外，澡堂就和一般人類的澡堂一樣，有海報和入浴溫馨小提醒，貓熊在澡堂中也會聊天罵小孩，泡完澡也會想喝杯冷飲……這些小細節讓想像的世界看起來十分寫實，而貓熊的祕密則在對比下，更加鮮明奇異。

有時候，想像和驚奇也會從看似平凡無奇的日常生活中冒出來，像是雨後的彩虹或路邊草地長出的蘑菇。比如在《來喝下午茶的老虎》（遠流，二〇一八）中，小女孩和媽媽坐在家裡，就有一頭老虎跑來和她們一起喝下午茶，還把她們家的食物和水搜刮一空，讓女孩沒辦法洗澡。但女孩和媽媽不但沒感到困擾，還買了老虎食物罐頭，期待老虎再來造訪。

想像，也是帶領孩子（其實也包括大人）脫離枯燥現實的方式。《棉被國的小矮人》裡（青林，二〇一三），因為生病而無聊的躺在床上休息的女孩，用棉被做起棉被山，然後就在山上看到了在滑雪及歡樂聚會的小矮人，這些小矮人後來還做了一個機器，用雪幫女孩退燒，讓她舒舒服服的睡了一覺，醒來燒就退了。而在《吸塵器去釣魚》（臺灣東方，二〇一三）中的吸塵器受夠了只能吸灰塵，於是決定罷工去釣魚，也讓全家離開繁瑣枯燥的日常，來了一趟別緻又有趣的旅行。這本書讓我會心一笑，因為有一陣子，我不喜歡吸塵，但又不得不吸，於是和兒子說：「吸塵器就像梁龍，現在梁龍要去吃灰塵了！」這樣一來，吸塵就變得好玩了。除了《吸塵器去釣魚》，作者和繪者還創作了一系列物件奇想的作品，包括《書包去遠足》（小天下，二〇一八）、《電子鍋參加運動會》（臺灣東方，二〇一三）、《冰箱放暑假》（臺灣東方，二〇〇七）等作。

雖然說，想像本身就是創造，本身就可以帶給人快樂，但如果真要寓教於樂，想像也是很好的媒介，可以引人入勝、讓人印象深刻。《浣熊洗車中心》（遠流，二〇一五）就透過浣熊幫其他動物洗車的故事，讓孩子了解浣熊愛洗東西的習慣，也認識了其他動物和牠們的生活環境（不同的生活環境，會造成不同

書包馬上端正好姿勢，很有禮貌的
對著媽媽說：
「健一媽媽您好，請容我
自我介紹。我是健一的書包，
平日承蒙健一照顧，真的
非常感謝。」
媽媽突然也跟著正式
起來，跪坐著對書包說：
「謝謝你的自我介
紹。你好，我是健一
的媽媽。不過，話說
回來，你真了不起，
這麼有禮貌。」
書包微微挑動眉毛，
得意的笑著。

想像本身就能帶給人快樂，作者透過一個會說話又能飛上天空的書包，讓孩子把日常生活變得好玩有趣。

《書包去遠足》 村上詩子／文，長谷川義史／圖，陳姍姍／譯，小天下出版。

的髒污）。同時，浣熊的洗車歌詞「盡情弄髒沒關係！」也可以消除孩子害怕弄髒衣服的壓力，讓他們放鬆、放心去玩耍（嗯……但媽媽會不會放鬆，就不知道了）。

狂想，也可以很有哲理。吉竹伸介的《做一個機器人，假裝是我》（三采，二〇一五）就從「一個小朋友去找一個機器人代替自己，但為了扮演得像，只好向機器人介紹自己」的狂想開始，慢慢拉出「我是誰？我從哪裡來？我和別人有什麼不一樣？我和別人的關係是什麼？我是怎麼運作的？」這些問題看似深奧的大哉問，但卻是許多小朋友都想過的呢。

「沒有一個夢想——不管它是多麼荒謬、缺乏邏輯——會在這宇宙之間白白浪費。」波蘭作家布魯諾．舒茲在他的短篇小說〈夢想的共和國〉中寫道。我想，想像也是一樣的。舒茲以童年的想像為線，織出了《鱷魚街》（聯合文學，二〇一二）和《沙漏下的療養院》（聯合文學，二〇一四）中豐富多采又詭奇的世界。至於，兒子各色各樣的想像故事會變成什麼呢？真是令我好奇又期待啊。

這一夜我們共讀了……

1. 《高麗菜弟弟》（キャベツくん），長新太／文圖，譚海澄／譯，臺灣麥克出版，二〇一四年。
2. 《貓熊澡堂》（パンダ銭湯），tupera tupera／文圖，劉握瑜／譯，小魯文化出版，二〇一四年。
3. 《來喝下午茶的老虎》（*The Tiger Who Came to Tea*，五十周年紀念版），朱迪絲．克爾／文圖，林真美／譯，遠流出版，二〇一八年。
4. 《棉被國的小矮人》（おふとんのくにのこびとたち），越智典子／文，出久根育／圖，林真美／譯，青林國際出版，二〇一三年。
5. 《吸塵器去釣魚》（そうじきのつゆやすみ），村上詩子／文，長谷川義史／圖，朱燕翔／

譯，東方出版，二〇一三年。

6.《書包去遠足》（新版）（ランドセルのはるやすみ），村上詩子／文，長谷川義史／圖，陳姍姍／譯，小天下出版，二〇一八年。

7.《電子鍋參加運動會》（すいはんきのあきやすみ），村上詩子／文，長谷川義史／圖，李小虹／譯，台灣東方出版，二〇一三年。

8.《冰箱放暑假》（れいぞうこのなつやすみ），村上詩子／文，長谷川義史／圖，陳姍姍／譯，台灣東方出版，二〇〇七年。

9.《浣熊洗車中心》（あらいぐま洗車センタ），岡林千裕／文，大澤千加／圖，張東君／譯，遠流出版，二〇一五年。

10.《做一個機器人，假裝是我》（ぼくのニセモノをつくるには），吉竹伸介／文圖，許婷婷／譯，三采文化出版，二〇一五年。

11.《鱷魚街》（*Ulica krokodyli*），布魯諾·舒茲／文，林蔚昀／譯，聯合文學出版，二〇一二年。

12.《沙漏下的療養院》（*Sanatorium pod klepsydra*），布魯諾·舒茲／文，林蔚昀／譯，聯合文學出版，二〇一四年。

第六夜

好好活著，才能好好死去

不知道從什麼時候開始，大兒子常常提起「寶寶星球」。他說，我們所有人都是從寶寶星球來的，在那裡只要吃喝玩樂，時候到了就去投胎。在地球上過完一生後，就會來到另一個星球，在那裡休息一陣子，又回到寶寶星球，然後再次等待投胎……

「所以，我和爸爸，還有你和弟弟，都是從寶寶星球來的？我們早就認識了？」「對！」「弟弟在寶寶星球上也這麼皮嗎？」「超皮的！你也超皮的！」「那我們怎麼會在地球上遇到的？投胎是隨便投，還是選好的？」「選好的，你和爸爸死後，會去另一個星球等我們，等我們死了，我們會一起回到寶寶星球，然後再投胎。」

大兒子從三、四歲開始，就對「死」這個話題很感興趣。還住在波蘭時，每年十一月，我們都會在萬聖節去掃爺爺的墓（在波蘭，萬聖節是掃墓節，扮鬼要糖果是後來才從西歐傳過來的）。當他看到繪本中的人物死了，也會問：「我會不會死？你會不會死？死了以後會怎麼樣？」當他對死亡有了模糊的概念（不能動、離開這個世界），他說：「我不想死。我怕死。」

談論死亡，對大人來說都不容易了，更何況是小孩。但是，不談，不會讓這個問題消失，反而會引起更多恐懼。於是，我試著用繪本和他聊死亡的未知，給他看吉竹伸介的《爺爺的天堂筆記本》（三采，二〇一六）。讀這本書時，兒子已經六歲了，覺得「死了就是變空氣啊」。一開始，他不想讀這本書，一方面可能覺得幼稚，另一方面也可能他還是會害怕死亡的主題，於是想用不在乎來掩飾。

幸好，這本書並沒有擺出一副「我現在要告訴你死亡是什麼」的說教面孔，而是呈現爺爺對死後世界的狂野想像。所以，大兒子後來還是願意讀了，而且愈讀愈喜歡。讀書時，我和他聊：「這個爺爺的天堂，就是可以整天泡溫泉的地方欸，你也想要溫泉嗎？」然後我們兩人會點頭稱是，說有溫泉真的很棒，改天我們也要去泡溫泉。或者，我們也聊這個爺爺真是任性，墳墓要長得像大型溜滑梯，死後還要家人幫他做紀念郵票和CD。

《爺爺的天堂筆記本》和電影《可可夜總會》一樣，呈現的死亡想像都是比較歡樂的。但無可否認，死亡還是有它悲傷、不浪漫的一面。波蘭繪本《一根叫派翠克的頭髮》（Tashka，二〇一四）用黑白的炭筆線條，透過頭髮的掉落來隱喻死亡。雖然有想像和幽默，但很節制，頭髮派翠克問頭髮老銀：「掉落是什麼意思？」這個問題很直白，而老銀的回答也很殘酷而真實，說：「就是永遠離開你所在的地方，可能往上飄，可能往下落，可能被風吹走，或被吸塵器吸走。」

死亡另一個令人難受的地方是分離，是再也看不到你所愛的人、不能擁抱他、和他說話。信實的《媽媽變成鬼了》（小熊，二〇一六）用輕鬆幽默的手法，講一個痛苦的分離故事。被車撞死的媽媽放心不下兒子小康，即使變成鬼，也要回來看看小康，是否有好好照顧自己。當媽媽看到小康，開心的想相認，卻發現沒有人聽到她的聲音，奶奶還把她的呼喚當雞叫。幸好到了晚上，小康終於可以看到媽媽了，母子相擁而泣，令人鼻酸。但是，他們也想起媽媽活著的時候，有許多開心的事，比如看到小康堆積木、小康對朋友很體貼、小康會撒嬌……最後早上醒來，媽媽已不在，小康大聲的喊：「我會努力自己一個人做好喔！」媽媽雖然不在了，但會用另一種形式存在於孩子心中，用另一種方式陪伴孩子，這樣的寓意，在《媽媽是一朵雲》（巴巴，二〇一九）中也可以看到。

死亡雖然有可怕、令人痛苦的一面，但也可以讓我們了解到生命的價值。少年小說《夏之庭》（玉山社，一九九九）就在講這樣的主題：河邊、山下、木山突然在某個夏天對死亡感興趣，於是跑去「觀察」（其實就是偷窺）一個據說快死的獨居老人。一開始，他們之間的關係很緊張（尤其在老人發現了他們後），

爺爺的
天堂筆記本
撒落的星星
まく子
Tashka
Bajka o włosie Patryku
tekst: Malina Prześluga
媽媽是一朵雲
活著

小青蛙的作業是一句造句：「我的媽媽像是……」小青蛙不知如何寫起，但是當天空下起雨，牠就找到答案了。

《媽媽是一朵雲》 海狗房東／文，林小杯／圖，巴巴文化出版。

因為活著，我們可以感受到生命中的一切，比如迷你裙、天象儀、畢卡索，阿爾卑斯山，還有許多許多。

《活著》 谷川俊太郎／文，岡本義朗／圖，游珮芸／譯，步步出版。

但慢慢的，他們貼近老人的生活，進入老人的院子，送他生魚片、幫他倒垃圾、打掃院子、種花、洗衣、按摩，和他一起吃西瓜、木莓、去河堤放煙火、去居酒屋吃東西，和他成為忘年之交，了解他的人生……而老人，也因為三個孩子的陪伴，好好的、有尊嚴的走完了人生最後一段旅程，不只讓孩子們，也讓自己了解了生命和死亡的意義。

生命和死亡有什麼意義呢？我想，每個人都會得出不同的答案。我思考這個問題多年，多年來，也因為死亡的虛無，而十分恐懼不安。但這幾年，我慢慢可以放下恐懼，坦誠的說出：生命的意義，就是會結束。因為會結束，所以每一個當下都值得珍惜，都很美麗。就像另一本少年小說《灑落的星星》（小麥田，二〇一九）裡，尋找死亡意義的外星人美少女小梢說的：「溫泉無法永遠持續下去，才棒呀。」

不管是傷心或快樂的當下，都無法重來，這令人恐懼，也令人安心。因為活著，我們可以感受到這一切，就像《活著》（步步，二〇一六）裡面說的：

「活著／現在，我活著／所以，可以哭泣／可以大笑／也可以生氣／我是自由的。」當活著及各種感受成為有意識的選擇，而非因為被丟到這世界，於是被迫有的感覺，人就自由了。當人可以選擇好好的活，他也可以選擇好好的、從容的面對死亡，而非被死亡趕鴨子上架。

這一夜我們共讀了……

1. 《爺爺的天堂筆記本》（このあとどうしちゃおう），吉竹伸介／文圖，許婷婷／譯，三采文化出版，二〇一六年。
2. 《一根叫做派翠克的頭髮》（暫譯，*Bajka o włosie Patryka*），Malina Prześluga ／文，Agnieszka Woźniak ／圖，Tashka 出版，二〇一四年。
3. 《媽媽變成鬼了！》（ママがおばけになっちゃった！），信實／文圖，蘇懿禎／譯，小熊出版，二〇一六年。
4. 《媽媽是一朵雲》，海狗房東／文，林小杯／圖，巴巴文化出版，二〇一九年。
5. 《夏之庭》（夏の庭 *The Friends*），湯本香樹實／文，楊麗玲／圖，林真美／譯，玉山社出版，一九九九年。

6.《灑落的星星》（まく子），西加奈子／文，林佩瑾／譯，葉懿瑩／圖，小麥田出版，二〇一九年。

7.《活著》（生きる），谷川俊太郎／文，岡本義朗／圖，游珮芸／譯，步步出版，二〇一六年。

第七夜

走出家門去冒險

快滿兩歲時，小兒子活動力大爆發，常常在家裡東跑西爬，一下去廚房丟垃圾、開冰箱、摸火爐，一下又爬椅子，要去拿桌上的手機、電腦、眼鏡，一下把東西打破弄翻，一下又撞到頭或跌倒……總之把我累翻，成天獅吼。老實說，我也不想吼小孩，但如果來不及跑到他身邊阻止慘劇發生，大吼一聲是最快讓他停下來的方式。

在這一堆搗蛋行為中最可愛、但也頗為令人不安的，是他想要出門的執念。他三不五時會背起包包，走到門邊，或者爬上推車，要別人推他出去。不然就是拿起背帶，穿上鞋子，甚至拿走我的鑰匙，試圖把門打開。

在他小小的腦袋瓜中，應該在想：「做了這些事，就可以出門嘍！」雖然看到一個小人努力想穿鞋、背起比他半個人還高的包包，會覺得好可愛，但有時候我在忙，他又背起背包來拉我，就覺得好煩。我也常常擔心，他會不會有一天就這樣跑出去（結果，快三歲時，他真的打開門、推著娃娃車出去了！還好我在他坐上電梯前，及時把他拉回來），然後不知道怎麼回家，到時候我們要去哪裡找他呢？

雖然小兒子的流浪渴望令我擔心，但另一方面，我又能理解他。畢竟，想要出門玩是孩子的天性啊，家裡實在太無聊了。而且，能夠出門，表示自己有能力、很厲害。對小兒子來說，每次出門——不管是去接送哥哥上下學、去商店或公園——都是一次冒險吧。街上的紅綠燈、車聲和人聲、街角的貓狗、公園的小鳥樹木，對他來說，應該就像奇幻故事裡的惡龍、巫師、飛天魔毯、黑森林一樣有趣又有挑戰性。

許多繪本，也是關於小孩、大人或動物出門展開一場冒險。有些冒險奇幻，有些寫實，主角出門也有各式各樣的理由。也許是和爸媽吵架了，比如

《野獸國》（英文漢聲，二〇一〇）的阿奇在家搗蛋，被媽媽稱為小野獸趕上樓後，就駕著自己的船，到野獸國去變成萬獸之王。或者主角也沒做什麼，只是隨便晃晃就走入了冒險，像是《廚房之夜狂想曲》（格林，一九九四）中的小男孩，半夜睡不著起來聽到廚房有動靜，於是下樓去看看，差點被莫名奇妙出現的廚師做成蛋糕，後來還乘著麵團飛機到月亮上去取牛奶……

有時候，在外面會遇上困難或麻煩，但會得到善心人士的幫助，或冥冥中的保佑，化險為夷。比如《小貓打瞌睡》（小魯，二〇二〇）的小貓睏睏，坐公車送包裹到奶奶家，但是不小心在公車上睡著了，更糟的是，本來要叫他起床的動物們和司機，也全部都睡著了！最後，幸好奶奶烤蛋糕的香味飄進公車，把大家叫醒，小貓才順利完成了任務。

冒險也會帶來意外的驚喜。《雪人》（Rabén & Sjögrens，二〇一二）中的兩兄弟烏諾和馬蒂去森林玩滑雪板，結果迷路了，正煩惱時遇到了雪人（不是那個用雪堆的喔，而是有長毛和大腳的雪人）。雪人將兩兄弟一把抱起，帶回洞穴。「雪人會不會把我們吃掉呢？」馬蒂擔心。但是，雪人並沒有想要吃他們，而是請他們一起喝了羊奶、以及用藍莓和松果做成的湯，兩兄弟還得到雪人的爺爺做的貓頭鷹木雕當禮物，最後平安回到家。

不過，不是所有的冒險都是好玩的，也不是所有在冒險中遇到的陌生人都是善良的。我們都記得小紅帽與大野狼的故事，也知道現實生活是多麼地危機四伏，人心叵測。

在現實中，我會提醒孩子不要跟陌生人走、不要和陌生人說話、不要告訴別人太多事、即使面對熟人也要保持戒心。但另一方面，我也會懷疑：把孩子的生活弄得這麼緊張，真的好嗎？小時候，我也聽父母說了很多綁架失蹤的恐怖故事，結果我長成了一個有很多恐懼的大人，連去個咖啡廳、打個電話給水電工或銀行客服，都要花很多時間克服心理障礙。光叫孩子「小心、注意、不要……」有辦法讓他們面對人生中的風險和危險嗎？如果真的遇到麻煩，他們是否會知道如何處理？

該教的還是得教，所以我還是會跟孩子說，小心陌生人。或者，如果遇上有人要抓他們該怎麼辦……另外，我也會和他們一起看繪本。透過想像的故事，孩子有機會在不那麼說教的安全氣氛中看見恐懼、習慣恐懼、面對／克服恐懼、甚至判別恐懼是真實存在的，還是想像的。《快跑南瓜，快跑！》（OQO，二〇一二）就是一個用輕鬆手法，協助孩子面對恐懼的故事。一個老奶奶出門去參加孫女的婚禮，結果在路上遇見的獅子、野狼和熊，都想把她吃掉。老奶奶用機智騙過猛獸，說：「我現在很瘦，等我參加完婚禮再吃我吧！」回來的時候，老奶奶把自己變裝成奔跑的南瓜，不只再次成功逃脫，還讓野獸做了惡夢。

雖然《快跑南瓜，快跑！》是個想像的故事（我們在現實中不會遇見野獸，壞人也不會因為一只南瓜就被騙過去），但是它隱含的意義

是：「面對危險可以智取。」安東尼・布朗的《哈囉！你要什麼？》（格林，二〇一五）也是一個面對恐懼的故事。小熊在遇到大猩猩、鱷魚、獅子、大象時，用畫筆畫一個他們需要的東西給他們，於是解除了威脅。

當然啦，這個故事並不是在告訴孩子：「遇到壞人，就把他們需要的東西給他們。」而是讓孩子看到想像的力量，以及面對比你強大的敵人時，依然可以保持鎮定和自信。畢竟，讓孩子害怕的人事物，不只是街上的壞人，也包括父母、老師、朋友、考試、困難的挑戰……直視恐懼是很重要的能力，只有看見了，才知道要如何面對可怕的事物，是要轉身逃跑，還是正面迎擊。

不管是孩子或大人的生活，都是危險和安全互相交織。外面的世界不是只有危險，而即使在看似安全的家裡也隱藏著危機（看看那些電線和熱水壺）。面對人生，我們總是在未雨綢繆和隨機應變之間跳躍、擺盪，就像《去冒險》（小魯，二〇一七）中媽媽和小孩的對話。媽媽看到孩子要出門，叫他帶一大堆東西，包括梳子、指甲刀和彩色筆，因為梳子可以幫長毛象梳毛，指甲刀可以幫狼人剪指甲，彩色筆可以讓他寫信回家……

孩子覺得東西很重，什麼都不想帶，他告訴媽媽，如果累了，可以睡樹上；身體髒了，可以去天鵝湖洗澡；如果需要光，星星會借他……最後孩子問：「怎麼樣，我說的有沒有道理？」媽媽說：「一點道理也沒有，但是我相信你會好好的。」

看到書中的媽媽這麼說，我不知怎麼的也被療癒了。看來，繪本不只是讓小孩習慣冒險，也是讓大人練習放手和信任啊。

這一夜我們共讀了……

1.《野獸國》（*Where the Wild Things Are*），莫里斯．桑達克／文圖，漢聲雜誌／譯，英文漢聲出版，二〇一〇年。

2.《廚房之夜狂想曲》（*In the Night Kitchen*），莫里斯．桑達克／文圖，郝廣才／譯，格林文化出版，一九九四年。

3.《小貓打瞌睡》（二版）（いねむりこねこ），市居美佳／文圖，劉握瑜／譯，小魯文化出版，二〇二〇年。

4.《雪人》（暫譯，*Snömannen*），Eva Susso／文，Benjamin Chaud／圖，Rabén & Sjögrens 出版，二〇一二年。波蘭文譯名：*Yeti*。

5.《快跑南瓜快跑》（暫譯，*Corre Corre, Calabaza*），Eva Mejuto／文，André Letria／圖，OQO 出版，二〇一六年。波蘭文譯名：*Biegnij dynio, biegnij*。

6.《哈囉！你要什麼？》（*The Little Bear Book*），安東尼布朗／文圖，黃鈺瑜／譯，格林文化出版，二〇一五年。

7.《去冒險》，哲也／文，陳美燕／圖，小魯文化出版，二〇一七年。

Yeti
BiEGNiJ DYNio, BiEGNiJ
OQO
去冒險
IN THE NIGHT KITCHEN
MAURICE SENDAK
BEANS

第八夜

覺得很挫敗嗎？沒關係，我也是

最近育兒的主要困擾之一是：小孩遇到事情不順他的意，就開始哭或生氣。我家老大組火車積木組不好、不想寫作業、遲到、衣服穿不好、東西找不到或搞丟了、弟弟動他的東西，都可以哭／怒吼／尖叫、在地上崩潰。而老二則是只要我們一拒絕他（比如不讓他拿剪刀，跟他說不可以吃這個或爬那個），就會倒地大哭。

我覺得很疑惑，為什麼平常穩定好相處的孩子，遇到一點小挫折就抓狂？雖然書上都說，要同理孩子，不要說風涼話或落井下石，甚至不要急著給建議，可是我就會忍不住碎念兩句，然後小孩就會更抓狂（看吧，書還是很有先見之明的）。

但是回過頭來，我面對挫折的能力也好不到哪裡去。小孩不睡覺、不吃飯、不寫作業、演講沒達到預期效果（比如放了自己覺得好看的影片，大家卻看不懂，講笑話大家也沒笑）、飯煮不好、餐廳買的飯不好吃、書賣不好、在臉書上看到令我不爽的留言（而且還不是對我說的呢）……我都會生氣。

事實是，沒有人喜歡失敗和不順利，我眼中的「小挫折」，對孩子來說是大失敗（看看我那些挫折，其實也沒多大啊）。「人生不如意事，十之八九」，所以人生十之八九的時間都在不愉快，這是很正常的。

既然人生充滿挫敗，那還是要想個辦法面對、調適心態，否則會很難過。要怎麼面對？好像也沒有別的辦法，就只能慢慢習慣，或是看書、看繪本，從中學習別人怎麼面對失敗，或者只是看到「別人的人生也充滿失敗和挫折呢，天下的失敗挫折多如牛毛又稀鬆平常，我不是唯一遇到的人」，也就覺得很安慰。

佐野洋子的《我的帽子》（臺灣麥克，二〇一四）就是關於一個稀鬆平常的

我的帽子
小火車
做到了！
我要勇敢
KŁOPOT

挫折。小女孩的帽子被風吹走了，雖然爸爸安慰她：「還好不是你被吹走。」（這話超白目，超像爸爸會說的話）媽媽買了冰淇淋給她，她還是很難過。爸爸買了新帽子給她，她也不想戴，因為那頂不像她原來的帽子，沒有承載過去的回憶。

如果是在現實生活中，遇到自己的小孩這麼不知好歹，我一定會怒吼：「不要戴就不要戴！」但佐野洋子很溫柔，她給了女孩哀悼的時間和空間，讓女孩慢慢習慣新帽子，甚至咬了咬新帽子，讓它變得和舊的一樣。當新帽子也有了記憶之後，女孩說：「我覺得這是我的帽子了。」這個面對失落、從哀傷走到接受的過程，很真實、也很細膩。沒錯，小孩就是會對自己的東西有感情，大人其實也有，只是大人失落的東西太多，早已麻木，於是覺得小孩這麼重感情很無聊，搞不好還會說出「只是個帽子啊，有什麼大不了的」這種沒同理心的話。

有些挫折感是來自「努力很久了，本來做得好好的，最後卻失敗了」的不甘和悔恨。在《不要打翻牛奶》（小典藏，二〇一四）中，女孩潘達帶著一碗牛奶，穿越沙漠、大河、山頭，經過駱駝商隊，不敢停下來看路上的面具舞和白色長頸鹿，就為了把牛奶帶給在草原牧羊的爸爸。然而，就在她找到在芒果樹下的爸爸時，一顆芒果掉下來，把碗打翻了。潘達傷心的哭了，爸爸卻安慰她：「這碗裡有比牛奶更重要的東西，就是你對我的愛。」

我看到這裡，覺得這個爸爸真是很溫柔啊。很多時候，孩子努力了半天，想要讓自己或大人高興，卻功歸一簣，已經很難過、很憤怒了，如果大人這時又來踩一腳，那孩子真的會很傷心。雖然在現實生活中，我多半做不到這樣的溫柔同理（孩子把牛奶灑在桌上，我通常會破口大罵：「你為什麼不小心一點啊！害我還要擦！」），但至少知道有更好的處理方式，有個目標可以努力，也是好的。

《有麻煩了》（三之三，二〇一三）中的媽媽，也是很溫柔、很能同理小孩的媽媽，甚至能用創意協助小孩翻轉逆境。故事中的女孩在熨燙桌布時恍神了，不小心在桌布上留下一個熨斗的黃色印子。那是媽媽最喜歡的、有紀念意義的桌布，女孩很慌張，不斷想著要怎麼解套，是要推到弟弟、爺爺身上，還是推說桌布被風吹走了，或是把它埋起來、藏起來？最後，她選擇誠實道歉，媽媽不但沒有生氣，還說：「喔！好漂亮的印子！」兩人一起合作，把這個痕跡變成桌布的一部分，讓它有了新的、不同的紀念意義。

有些失敗或挫折，是比較嚴重的，甚至會留下創傷，要很久才能走出來。身為父母，當然不希望孩子遭遇到不幸和痛苦，但天有不測風雲，不管是父母或孩子，都要對此有心理準備，才不會到時候倉皇失措。《我要勇敢》（小光點，二〇一七）中的小熊遇到了很不幸的事：牠的腳被捕獸器夾到，慘遭斷掌。小熊很傷心，哭著問：「為什麼是我？」但因為不想讓媽媽傷心，牠收起眼淚，努力復健，最後順利回學校上課，在游泳比賽中游完全程，大家都替牠拍手叫好。

雖然這個故事是虛構的（熊不會上學，也不會游泳），但它讓孩子看到：即使

女孩潘達小心翼翼穿越沙漠、大河、山頭……就為了把牛奶帶給在草原牧羊的爸爸。然而就在她抵達時，牛奶不小心打翻了，但爸爸安慰她，牛奶不是最重要的，潘達的心意才是最重要的。

《不要打翻牛奶》 史戴芬．戴維斯／文，克里斯多福．柯爾／圖，馬筱鳳／譯，小典藏出版。

遇到非常痛苦的事，只要勇敢面對，並且有家人朋友的支持，還是可以度過難關。當然啦，現實生活不一定這麼美好。在現實生活中，我們不一定能度過難關，即使能順利度過，過程也會比繪本描述的艱辛。但是，繪本就是要給孩子希望和信心啊！有了希望和信心，會比較容易面對現實。畢

載著給孩子禮物的火車壞了，其他大火車都拒絕伸出援手，這時候，小火車自告奮勇把禮物送到小朋友手上，帶給大家快樂與希望。

《小火車做到了》 華提．派普爾／文，羅倫．隆／圖，郭恩惠／譯，小天下出版。

竟，如果連相信「世界會更好」、「我做得到」都沒辦法，那在現實中，要如何完成這些事呢？

「相信我做得到」、「相信我可以讓不可能的事變為可能」，對孩子（其實對大人也是）是好重要的事。我慢慢可以理解，為什麼大兒子很喜歡《小火車做到了》（小天下，二〇一七）。故事中的小火車在其他大火車都拒絕伸出援手時，自告奮勇把禮物送到小朋友手上，雖然它這麼的小，也從來沒有去過這麼遠的地方，但它還是去了，因為想要帶給大家快樂與希望。我以前一直覺得，這個故事太樂觀勵志——身為一個憤世嫉俗的大人，我不太喜歡樂觀勵志的書，因為太不真實了（或者說，我害怕失望而不敢相信吧）——但是，最近我覺得，雖然認清現實很重要，但在世界愈來愈令人絕望的今天，相信世界會變好，相信我們可以改善它，也是很重要的事呢。

這一夜我們共讀了……

1.《我的帽子》（わたしのぼうし），佐野洋子／文圖，譚海澄／譯，臺灣麥克出版，二〇一四年。

2.《不要打翻牛奶》（*Don't Spill the Milk*），史戴芬．戴維斯／文，克里斯多福．柯爾／圖，馬筱鳳／譯，小典藏出版，二〇一四年。

3.《有麻煩了》（*Klopot*），伊波納・荷密艾雷波斯卡（或譯齊米雷絲卡）／文圖，三之三出版，二〇一三年。

4.《我要勇敢》，陶樂蒂／文圖，小光點出版，二〇一七年。

5.《小火車做到了》（三版）（*The Little Engine That Could TM*），華提・派普爾／文，羅倫・隆／圖，郭恩惠／譯，小天下出版，二〇一七年。

2 讓人又愛又討厭的別人

英國詩人約翰・多恩（John Donne）說：「沒有人是一座孤島。」另一個英國詩人羅納德・鄧肯（Ronald Duncan）卻說：「所有人都是孤島。」

不管是不是孤島，人的一生從小到大會遇見許多「別人」，第一個別人是媽媽、爸爸，然後可能會有兄弟姊妹，爺爺、奶奶，阿姨、叔叔，上學後有老師、同學、朋友……

除非真的像魯賓遜一樣漂流到無人島，否則很難不和人打交道吧。但是，即使是魯賓遜，他身邊也有星期五。

不管喜不喜歡，我們一輩子都在認識別人、學習和別人相處。要如何尊重欣賞和自己不同的人？如何在做自己、維持自己的界線、和別人相處融洽之間取得平衡？

「第九夜到第十五夜，就讓我們來談談，那些在孩子成長過程中，令他們又愛又討厭、既期待又怕受傷害的別人。」

第九夜

媽媽是千面女郎

自從當了媽媽，我就覺得自己化身為《玻璃假面》（在我那個年代叫《千面女郎》）裡的北島瑪雅，有許多張臉，經常扮演各種角色。一下子，我是和孩子一起玩耍、讓他們在我身上跳上跳下的大龍貓；一下子，我是保護他們不被老鷹吃掉的母雞。有時候，我成了安徒生童話裡那個冷酷的雪女王，或是拿著毒蘋果的巫婆。沒多久，我又變成拯救他們的仙子、好心人，或是和他們一起探索奇妙世界的彼得潘……

川劇有「變臉」的絕招。演員轉個身，翻個觔斗，就換了一張臉。我也覺得，我三不五時在變臉。本來我和孩子有說有笑，只不過提醒他一句：「去喝水。去穿件衣服。」孩子突然就不高興了，我的情緒也被牽動，如果剛好壓力大，就會火山爆發。

可是，我不像孩子，生完氣就忘。我的情緒通常會持續很久，讓我在轉換到下一個角色時，卡卡的。於是，我演的龍貓也是湯婆婆，我的彼得潘也是虎克船長。有時候，我明明知道現在要像個負責成熟的大人，不要跟孩子計較，卻口出惡言，對孩子大吼大叫，像是個委屈的小孩。或者，應該是輕鬆開玩笑的時刻，我卻板起面孔對孩子說教，把氣氛弄僵。

可能因為常常暴走吧，我最喜歡的繪本之一，就是尤塔．鮑爾的《大吼大叫的企鵝媽媽》（親子天下，二〇一五）。作者用可愛的線條和隱喻的手法，誠實的描繪出一個媽媽們的日常處境：吼完小孩後，小孩四分五裂，頭飛向外太空，身體飛到大海中，嘴巴跑到山頂……而企鵝媽媽則跟在小企鵝身後，把牠的身體一塊一塊撿回來、縫起來，雖然不能完好如初，至少沒有七零八落。

身為媽媽，我覺得這繪本超療癒的。光是讓媽媽知道「嘿，你不孤單噢，還有許多企鵝媽媽像你這樣」就夠暖心了。但是，我兒子討厭這本書。我一廂

讓我安靜五分鐘
媽媽，買綠豆！
大吼大叫的企鵝媽媽
媽媽，打勾勾
最喜歡媽媽了！
文圖 宮西達也 譯 劉康儀
媽媽變魔術
媽媽的畫像

情願的念給他聽，想藉此幫他打個預防針（你看，不只你媽會暴走），他卻說：「這故事好可怕。」「裂了怎麼可能縫回來啊。」

雖然深受打擊，但也必須承認，這就是孩子眼中的世界。對他來說，理想中的媽媽，應該像宮西達也《最喜歡媽媽了！》（小魯，二〇一六）裡面那個媽媽，雖然會對孩子大吼大叫不耐煩，最後還是會說：「對不起，謝謝你喜歡像我這樣的媽媽。」我兒子很喜歡這本繪本。不過，在我看來，裡面充滿了小男孩各種不切實際的幻想（如果媽媽能在我賴床時，溫柔的說早安；如果媽媽在我玩得髒兮兮時，能哈哈哈說：「玩得很高興吧，真是太棒了。」），而那不斷出現的「如果這樣子……我就更喜歡媽媽了」更是讓媽媽我，一整個惱火啊。

話雖如此，但我在當媽媽之前，也是活在象牙塔中，不知人間疾苦，也常挑剔母愛的品質，怪我媽「我要少糖少冰，你為何給我無糖去冰？」那時候，我覺得「做自己」是理所當然的，就像回到家就有飯吃，壓根沒想過菜也是要買的、飯也是要有人煮的。我能夠「做自己」，其實是因為，媽媽放棄了一部分的自己。我沒看到媽媽的犧牲，反而覺得她都不陪我，一直在學校工作，不然就是去開同學會，有種被拋棄的寂寞。就像陶樂蒂的《媽媽，打勾勾》（小魯，二〇一三）中的男孩小健，因為媽媽太忙、太累，多次沒有遵守與他的承諾（陪他玩、帶他出去、給他買生日禮物），於是在夢中傷心哭泣（但真是體貼到令人心疼的小孩啊，哭也只在夢中哭）。

可是，我童年的寂寞是真的，就像我成年後的疲累與無能為力，也是真的。我不想當了媽媽後，就用一句「養兒方知父母恩」否定童年的自己，也不想繼續抱著孩童的眼光，審判成年的我，覺得「對啦大人都很自私」。那麼，怎麼辦呢？我想，同時看見、同理童年及成年的傷痛，是一條出路。

《有時母親，有時自己》（字畝，二〇一七）就是一本這樣的書。繪者用月亮、暴風雨、母狼、長滿刺的花園、雌狐狸來表現，母親可能帶給孩子的傷害，以及她追求自我的欲望，但也用指北針和油燈暗示，母親即使離開孩子身邊，讓孩子感到恐懼焦慮，她依然不會忘記孩子，總是會找到回家的方向，給予孩子安定的力量。不過，這搞不好也是母親的一廂情願？

和企鵝媽媽的命運一樣，我兒子對《有時母親，有時自己》也興趣缺缺。但是，他還滿喜歡另一本講母子關係的繪本《我媽媽變成了印第安人》（Bonnier Carlsen，二〇一〇）。這本書的畫風輕鬆隨興，故事也平易近人。小男孩找不到人跟他玩，爸爸、爺爺、奶奶都各有各的事要做（挖石頭、玩填字遊戲、抽菸看海）。於是，他把自己扮成印地安人，還把因家事而焦頭爛額的媽媽，從廚房中解放出來，讓媽媽也變成了印地安人，母子兩人快快樂樂去無人的海灣游泳、釣魚、烤魚。

我猜，兒子喜歡這個故事，是因為故事中的小男孩很有主見和行動力，可以給自己找樂子，同時也帶給媽媽快樂。而我喜歡這個故事，因為它和我的生活很相似。許多時候，我沒辦法一個人出門，於是帶兒子們一起出去散步，在外面手忙腳亂，至少比悶在家裡手忙腳亂來得好。有時候，我可以和大兒子單獨出去，那時候我們的小旅行就真的很像一場冒險，我可以有一些自己的空

母親像母狼一樣，會渴望孤獨和遠行；但指北針暗示，母親即使離開孩子身邊，她依然不會忘記孩子，總是會找到回家的方向。

《有時母親，有時自己》 史帝芬．塞凡／文，艾曼紐．伍達赫／圖，周伶芝／譯，字畝文化出版。

間，好好陪伴大兒子，他也可以獨享媽媽的陪伴，不必一直擔心弟弟來搶。

演戲的時候，留白和停頓可以讓情緒不會太滿。在一齣戲與另一齣戲、一個角色和下一個角色之間，留白和休息則能讓演員充電。如果我的生活中有更多餘裕，那我一定更能享受和孩子在一起的時光，可以像《媽媽買綠豆》（信誼，二〇〇八）裡面的媽媽，邊做飯給孩子吃邊煮綠豆湯，甚至可以和他一起種綠豆。或者，當孩子說：「我找不到作業！我找不到衣服！」的時候，我可以像《媽媽變魔術》（親子天下，二〇一四）裡面的媽媽一樣念咒語：「你放在哪裡，就在那裡！」而不是馬上發火：「誰叫你不收啊！快去給我整理房間！」但是，我的生活多半時候像是吉兒・莫非的《讓我安靜五分鐘》（維京，二〇一八），想要自己關在房間獨處一下，馬上就有小孩來說「媽媽，你看」、「欸，媽，你知道嗎」、「媽，我要抱抱」、「媽，讓我進去」……

如果，如果，我有更多空間時間，在各個角色之間能更自在的遊走，更接受自己的每一個面相，不必隱藏某一張臉，或許我當起媽媽，就不會那麼累。如果我可以把自己的許多張臉攤開來、晒在陽光下，就像劉智娟《媽媽的畫像》（臺灣東方，二〇一七）中，櫃子上同時擺著媽媽和美英（其實都是同一人）的畫像，我也就更能接受孩子的許多張臉，不會因為他們變臉而驚慌失措，趕緊跟著變臉。

不過，北島瑪雅為了演《紅天女》，經歷了許多艱苦的試煉，才成為一個成熟的演員（而且連載超過四十年，她還沒演到紅天女）。我想，我要成為一個成熟的母親，也還有許多路要走吧！

這一夜我們共讀了……

1.《大吼大叫的企鵝媽媽》（*Schreimutter*），尤塔・鮑爾／文圖，賓靜蓀／譯，親子天下出版，二〇一五年。

2.《最喜歡媽媽了》（おかあさんだいすきだよ），宮西達也／文圖，劉康儀／譯，小魯文化出版，二〇一六年。

3.《媽媽，打勾勾》，陶樂蒂／文圖，小魯文化出版，二〇一三年。

4.《有時母親，有時自己》（*Ma Mère*），史帝芬・塞凡／文，艾曼紐・伍達赫／圖，周伶芝／譯，字畝文化出版，二〇一七年。

5.《我媽媽變成印地安人》（暫譯，*När mamma var indian*），Ulf Stark ／文，Mati Lepp ／圖，Bonnier Carlsen 出版，二〇一〇年。

6.《媽媽買綠豆》，曾陽晴／文，萬華國／圖，信誼出版，二〇〇八年。

7.《媽媽變魔術》（繪本創作十四週年紀念版），童嘉／文圖，親子天下出版，二〇一四年。

8.《讓我安靜五分鐘》（*Five Minute's Peace*），吉兒・莫非／文圖，李紫蓉／譯，維京出版，二〇一八年。

9.《媽媽的畫像》（엄마의 초상화），劉智娟／文圖，蘇懿禎／譯，臺灣東方出版，二〇一七年。

第十夜

爸爸們，請向比利時的青蛙看齊

暑假開始了，老公要整理家裡，我每天帶著孩子做家事，又熱又煩，常常火氣大，因為小事就和家人吵架，就算做了一堆好事（比如帶孩子出去玩、買好吃的水果給他們吃），也沒人稱讚，還被當成理所當然，心裡十分苦悶且不平。

本來想滑滑臉書放鬆一下，一滑，看到一堆對爸爸歌功頌德的影片和貼文，就更不爽了。孩子從沙發、船上掉下去，爸爸及時伸手把孩子撈起來，大家覺得，他是反應神速的英雄。（如果是媽媽，一定被罵死：「怎麼會讓小孩掉下去啊！」）或者，爸爸用背巾背孩子，和孩子跳月球漫步，大家也覺得好可愛。（如果是媽媽，搞不好會被人怪：「怎麼可以把孩子當玩具！」）

去看教養書籍，也不會得到比較多安慰。市面上一堆教媽媽怎麼當媽媽的

書，只要談到爸爸，就彷彿突然失語，不是暖爸，就是虎爸，而爸爸永遠只要擔任支持媽媽的角色就好了。

也許，因為爸爸平常很少帶孩子，所以偶爾帶一下，人們就覺得要多多鼓勵，把他的義務當作額外善行，對於他犯的錯也會微笑寬容。我不反對鼓勵，我也覺得鼓勵若能讓爸爸多帶孩子，我願意把讚美當標點符號。

但是，為什麼大家對媽媽不能用相同的鼓勵，而是用恐嚇和貶低呢？媽媽上新聞，不是孩子沒穿暖，就是孩子哭鬧也不管（大家心裡想的「管」是罵吧），要不就是教出媽寶或過度控制。每一次，我都忍不住想問：爸爸呢？

所以，看到繪本中的爸爸，我都很怨嘆，因為書中的爸爸都太美好、太溫柔、太不真實了。當繪本中的媽媽會犯錯、大吼、情緒失控，《爸爸的33種用處》（格林，二〇〇六年；新版《爸爸33變》，三之三，二〇一五）中的爸爸，則會當孩子的舞伴、護士、提款機、導航系統、抓蟲專家、餵寵物專員、有聲故事書、朋友、馬、開罐器……

如果我心情比較不好，就會憤怒的想：「對啦，爸爸能扮演這些美好的角色，都是因為骯髒事和吃力不討好的工作，媽媽都撿去做了啊。」但是，心情好的時候，我會想：「還好有爸爸扮白臉，不然孩子每天看到媽媽的黑臉，太可憐了。」

《給我抱抱》（青林國際，二〇〇六）中的熊爸爸，就是一個典型的白臉兼暖爸。有天早上，森林中的熊爸和小熊起床後，就決定要去給森林中的動物們來個「愛的抱抱」，因為這是最美好的事。於是，這對熊父子一路上抱了蟒蛇、黃鼠狼、河狸、兔子等動物，還抱了獵人，拿走他的槍，化干戈為玉帛。雖然有些動物一開始覺得怪怪的（怎麼會突然被熊抱啊），但大部分的動物在擁抱後，都很享受這溫馨的親密接觸。最後，熊爸爸和小熊擁抱了彼此，結束美好的一天。

和直接的抱抱不同，《爸爸帶我看見宇宙》（玉山社，二〇〇四）中的爸爸，用比較間接的方式表達對孩子的感情。有天傍晚，爸爸說要帶小孩去看宇宙，於是父子兩人出去散步。一路上，爸爸買了口香糖，兩人走過公園、五金行和魚店，越過水溝，最後來到一片草原。爸爸仰望星空，孩子跟著抬頭，於是就看見了宇宙。爸爸對孩子解釋星座，壯麗的景象讓孩子難以忘懷，就連後來爸爸踩到狗屎，也是令人難忘的經驗。

對我來說，爸爸和孩子的世界，真的就像是宇宙中的星星，既遙遠又難以理解。遠看很美麗，但搞不好星星上的父子，也有各自的煩惱，也會吵架或覺得彼此很奇怪、很討厭。搞不好，家裡的每個人都是一顆星星，彼此之間相隔著好多光年，只是在別人眼裡看起來很接近？搞不好，每個人的世界，都有別人無法理解的夢想、祕密、黑暗，即使是最親近的家人？

《落跑老爸》（三之三，二〇〇四）裡面的爸爸，就有一個家人無法理解的夢想：馬戲團。他熱愛馬戲團，邊做家事邊雜耍（差點把東西打翻），帶孩子去看馬戲表演，孩子都沒什麼興趣。最後，這個怪胎老爸竟然拋家棄子，加入馬戲團去學藝，一起去巡迴演出了！

這本來應該會是個悲劇，但既然是以爸爸為主角的繪本，故事還是有個快樂的結局。離家的爸爸沒有忘記小孩，寄了很多明信片給他們，最後也終於學成返鄉，成為馬戲團的大明星，在孩子面前表演空中飛人、讓老虎跳火圈、在馬背上翻滾，然後浪子回頭，帶著動物回家定居。

雖然這故事很可愛，而且有童心（也許作者想告訴我們：「每個（男）人心中都住著一個孩子？」）但是，我還是忍不住想吐槽：如果主角換是媽媽，一定不行吧！追尋夢想？少來了，女人只有在真的受不了時，才會、才能離開，就像在《朱家故事》（英文漢聲，二〇一〇）中受不了老公、孩子不做家事，離家出走的媽媽。回來後，她的生活也沒多大改變，只不過現在老公、孩子負責做菜洗碗，她去修車。

爸爸的33種用處
給我抱抱
Tata ucieka z cyrkiem
Kitty Crowther
SZUR SZUR ĆWIR PLUM!
LOTNICZA PAR AVION
Ulf Stark
Eva Eriksson
Jak tata pokazał mi wszech-świat
ZAKAMARKI

社會總是慢慢進步的。能從以前的「爸爸是英雄」，演變到「爸爸也有缺點，也是人」，已經很值得掌聲鼓勵了。而能從「爸爸或媽媽帶小孩」轉換成「爸爸、媽媽一起帶小孩」，也是一個里程碑。

比利時插畫家凱蒂．克羅瑟的《唏哩嘩啦劈哩啪啦》（浙江少年兒童出版）就在講一對青蛙父母，各自用自己的方式，哄怕黑的小青蛙睡覺。媽媽陪小青蛙刷牙、幫牠穿衣服、帶牠上床。爸爸念故事給牠聽，媽媽親親牠，和牠道晚安。但是，小青蛙還是睡不著，牠一直聽到唏哩嘩啦劈哩啪啦的聲音，這讓牠覺得很害怕。

於是，小青蛙多次往返自己和父母的房間（好寫實），最後終於如願睡在媽媽身邊，甜甜的進入夢鄉。但是，青蛙爸爸就睡不著了（兒子一直擠牠）。青蛙爸爸來到小青蛙床上，也聽到了唏哩嘩啦劈哩啪啦的聲音。於是，青蛙爸爸跑去找兒子，說：「來，我們去看看這是什麼聲音！」牠們來到池塘的睡蓮葉上，發現這些聲音是鼴鼠、鳥和魚發出的。小青蛙終於不再害怕，最後，父子在睡蓮葉上睡著了。

這大概是我讀過最美好、最理想（有時候也很寫實）的爸爸故事了。如果，每個爸爸都可以效法這隻青蛙，在小孩睡不著時，把他們帶去散步，讓媽媽可以一夜好眠，那該有多好啊！（但是大兒子吐槽我說：才不可能啦！晚上去散步，是要去被綁架喔！）

這一夜我們共讀了……

1. 《爸爸的33種用處》（*33 Uses For a Dad*），荷麗．潔芙／文，阿曼達．海莉／圖，呂嘉能／譯，格林文化出版，二〇〇六年。新版《爸爸33變》，呂嘉能／譯，三之三出版，二〇一五年。
2. 《給我抱抱》（*Proszę mnie przytulić*），皮哲米斯瓦．魏赫托洛維奇／文，艾蜜莉．吉貝克／圖，林蔚昀／譯，青林國際出版，二〇一六年。
3. 《爸爸帶我看見宇宙》（*När pappa visade mej världsalltet*），吳爾夫．史塔克文／文，依娃．愛瑞克森／圖，張碧員／譯，玉山社出版，二〇〇四年。波蘭文譯名：*Jak tata pokazał mi wszechświat*。

4. 《落跑老爸》（אבא בורח עם הקרקס），塔迦・葛瑞／文，魯圖・摩鄧／圖，張淑瓊／譯，三之三出版，二〇〇四年。波蘭文譯名：*Tata ucieka z cyrkiem*。
5. 《朱家故事》（*Piggybook*），安東尼布朗／文圖，漢聲雜誌／譯，英文漢聲出版，二〇一〇年。
6. 《唏哩嘩啦劈哩啪啦》（暫譯，*Scritch Scratch dip clapote !*），Crowther Kitty／文圖，法國 L'Ecole des loisirs 出版，二〇〇二年。波蘭文譯名：*Szur, szur, ćwir, plum!*。

第十一夜

沒關係阿公和有求必應阿嬤

許多父母在面對孩子的阿公、阿嬤時，應該都有很矛盾的心情吧。一方面，阿公、阿嬤是育兒的神隊友、救援投手，但另一方面，阿公、阿嬤的過度寵愛（養樂多喝到飽、YouTube看到爽、愛幾點睡就幾點睡）也會讓做父母的很頭痛。

看到孩子在阿公、阿嬤面前沒規沒矩、沒大沒小、和在父母面前判若兩人，這時候是要管，還是不要管呢？不管，好像不太對，因為會怕之後管不動孩子，又怕父母覺得自己不會教孩子。管，好像也不太對，因為畢竟在長輩面前，長輩搞不好還會說：「小孩子嘛，不要跟他計較。」「你小時候還不是這樣。」然後孩子就會在後面嘻嘻笑，很高興有人可以對父母嗆聲，有人當靠山，對父母的管教、勸導，也就更可以馬耳東風。這時候，父母要嘛對孩子的脫序行為視若無睹，之後再和孩子好好講；要嘛就為了樹立權威，痛罵孩子，把場面搞得很僵、很難看，然後對自己生氣，對孩子生氣，對阿公、阿嬤生氣。

不管是忍氣吞聲，想著「待會再和你算帳」，或是在阿公、阿嬤面前痛罵他們的孫子，我都經歷過。甚至，我還曾對著我媽媽吼：「你不要管，你回去！」（當時她在我家）不管是哪一種經驗，結果都非常慘痛。我也曾自我懷疑（是不是我不會教？）、怨天尤人（都是阿嬤太寵了，我小時候她都沒這麼寵我）、深感罪惡（為什麼阿公、阿嬤幫我帶孩子，我還要罵他們呢）。最後，我終於理解：對小孩來說，阿公、阿嬤和爸爸、媽媽是不一樣的，孩子和兩者的互動方式也不同。我想起，我小時候也是被外公、外婆寵溺的孩子。當時，我的爸爸、媽媽也多次因為對我的管教方式，而和我的外公、外婆起衝突。

父母的功能是教育小孩，祖父母的功能是寵小孩，如果父母是正餐，祖父母就是零食。雖然為了健康成長和營養均衡，一定要吃正餐，但零食可以帶給人無壓力的快樂，而且零食真的比正餐好吃。雖然吃太多零食會不想吃正餐，但是不可能完全禁止零食，也不會一直都在吃零食。所以，能不管就不要管了，畢竟身為爸爸、媽媽，有時候也需要吃零食來放空。

與其一直糾結，阿公、阿嬤會對孩子的教養帶來什麼影響，倒不如想，孩子可以從祖父母的陪伴中得到什麼快樂、可以從他們身上學到什麼。我爸爸會和我家老大玩 Sctrach、下圍棋、一起去遊山玩水，認識大自然。我媽媽則會和老二玩，一起用吸塵器吸蚊子（我媽的滅蚊妙方）、幫老大、老二剪頭髮。我媽媽有點像《什麼！》（阿布拉，二〇二〇）裡面的奶奶，有求必應，什麼都會，會自己做褲子、床單，烤電鍋餅，教小孩做飯。不過，沒辦法像書裡面的奶奶，還能剪羊毛做羊毛毯、砍樹做床、縫泰迪熊。

和總是緊張兮兮、關心則亂的父母比起來，阿公、阿嬤對孩子的態度也比較淡定，面對許多問題（撞到頭、吃太多、吃太少、不吃蔬菜、不適應學校），他們常常坐看雲起，說：「沒關係啦。」一臉「我看多了」的神情。聽在父母耳中，會覺得「因為教養責任不在你身上，當然旁觀者清」。但是，有時這樣的「沒關係」也讓人安心，就像伊東寬的《沒關係，沒關係》（親子天下，二〇一四）中的爺爺，在孫子面對各種困難挫折（被狗或車嚇到、被朋友欺負、認不得街上的字、害怕細菌）時，爺爺都會笑笑的和他說：「沒關係，沒關係。」慢慢的，小孫子身體長大，也長出了勇氣和力量。後來，當爺爺老了，躺在病床上，就換成孫子對爺爺說：「沒關係，沒關係。」

可能因為阿公、阿嬤年事已高、比較接近老病死，許多關於祖父母的繪本，主題都是圍繞在生病、長照、失智、死亡，比如崔永嬿的《奶奶的記憶森林》（親子天下，二〇一四）。故事的主角小兔子毛奇妮，最愛的人是奶奶，奶奶也最喜歡她，只是奶奶的記憶漸漸消褪，幾乎要忘了毛奇妮……毛奇妮很生氣，決定她也要忘了奶奶，不帶奶奶去森林裡散步。雖然這樣的行為乍看自

奶奶的記憶森林
文・圖 崔永嬿
沒關係，沒關係
文・圖 伊東寬 譯 黃雅妮
親子天下

私，讓人不禁想：「她怎麼不懂得體諒奶奶啊！」但其實孩子有這樣的情緒很正常，在憤怒之下，其實藏著的是對奶奶生病的恐懼，害怕失去所愛的人，害怕奶奶忘了她，不再愛她了。後來，毛奇妮發現奶奶並沒有忘了她，於是接受了奶奶的記憶並不完美的事實，依然陪伴奶奶，和她一起創造新的回憶。

孩子的陪伴，對阿公、阿嬤來說是重要的。或者說，年輕人的陪伴，對長輩來說是重要的。雖然處在人生的兩極，但是他們都可以透過互相的陪伴，獲得知識、經驗和愉悅感，就像是一種交換。阿公、阿嬤的存在，就是在告訴孩子：「嘿，我是這樣活著的，而且一直活到了現在喔，你也可以活出自己的樣子。」（那父母為何不能？因為父母一天到晚在管孩子啊，孩子把父母當人生典範會很辛苦吧）。我很喜歡的動畫《魔法阿嬤》中，就有一位超厲害、我行我素、可通陰陽的阿嬤。自從小時候看過這部電影，我就把魔法阿嬤當英雄，一直想要變成像她那樣，勇敢又不在乎別人的眼光。

就像許多小孩無法想像自己長大的樣子，我也無法想像自己變老的樣子。

如果有一天，我變成老人，甚至成了某人的奶奶，我會是什麼樣的人？會像熟齡模特兒那麼有氣質嗎？（身材就別想了啊），會像搖滾爺奶一樣有趣嗎？還是像波蘭的許多奶奶一樣，會做果醬、打毛線？

不管會變成什麼樣，希望到時候我依然可以做自己愛做的事，並且能跟上時代，不要成為年輕人的絆腳石，也不要被年輕人討厭啊。

這一夜我們共讀了……

1. 《什麼！》（新版）（*What! Cried Granny*），凱特．林／文，艾瑞恩．強森／圖，林真美／譯，阿布拉教育文化出版，二〇二〇年。
2. 《沒關係，沒關係》（だいじょうぶ だいじょうぶ），伊東寬／文圖，黃雅妮／譯，親子天下出版，二〇二一年。
3. 《奶奶的記憶森林》，崔永嬿／文圖，親子天下出版，二〇一四年。

第十二夜

手足情深，就是可以一起搗蛋

有次滑臉書時，在一個叫 Hedger Humor 的粉絲頁，滑到一系列關於手足相處的漫畫，裡面有一張圖特別吸引我的注意：一個哥哥或姊姊，指著弟弟或妹妹，瞪大眼睛對媽媽抱怨：「他在吸我的空氣！」

我第一時間想：「這也太誇張了吧。」然後又想：「這應該不會發生在我們身上，我們家哥哥那麼愛弟弟。」

幾個月後某一天，當我聽到哥哥邊哭邊吼：「媽！他一直吵，我沒辦法寫功課！」一霎時明白：我真是好傻、好天真。當時哥哥不覺得弟弟煩，是因為弟弟還小，成天躺在床上，沒什麼威脅性。現在弟弟到處爬爬走，拿哥哥的東西，爬哥哥的書桌，弄壞哥哥的作業，一直發出可愛但惱人的聲音……哥哥會討厭弟弟，是正常的啊！

曾經，我立志要當個公平的媽媽，像許多教養文寫的：「關心老二時，也要多關心老大。」才不會讓老大因為覺得失寵，而心理不平衡。但實際做起來，才知道很難。養兩個小孩，不是在滿足吃喝拉撒的需求，就是在滅火，累都累死了，哪有辦法時時刻刻顧及孩子的心理需求？

雖然說，手心手背都是肉，但做媽媽的對大孩子，總是會有多一點期待，覺得在你小時候，我已經給你那麼多了，現在到底是在爭什麼？如果大的瘋過頭，傷到小的，我就會發火。兄弟倆做錯事，我兩個都會罵。但不知為什麼，罵大的就會特別兇，罵小的就沒那麼用力，即使有時候，其實是小的有錯在先。

可能因為手足之間的問題真的太多了，我們可以找到一拖拉庫「手足情深，恨也很深」的繪本。當然啦，多數繪本有勸人向善、寓教於樂的目的。所以，很多手足繪本都把重點放在「哥哥、姊姊要自我調整，愛護弟弟、妹妹」

上頭。

《小兔比特當哥哥》(明天,二〇一三)就是一本典型「教哥哥如何愛護弟弟」的書。比特到醫院探望生了小寶寶的媽媽,覺得剛出生的兔寶寶又紅又皺,簡直像個醜八怪。媽媽和其他人,居然還對這些醜八怪又親又抱,沒人理他,讓他困惑又寂寞。

這時,比特的哥哥比利來開導他了:「你小時候也很醜喔!長大他們就會變可愛了!現在爸爸、媽媽要照顧寶寶,沒空管我們,我們可以盡情玩,以後還可以教弟弟、妹妹怎麼當一隻小兔子!」於是,比特開心的接受了自己的新身分。

雖然比特的故事是個很好的正面宣導教材,但太過夢幻,久了也會失靈。相較之下,芭芭拉·林格倫的《哦,邦尼》(Rabén & Sjögren,二〇〇一)就比較寫實。故事中的小豬邦尼因為嫉妒,搶走弟弟的奶嘴自己吸,卻又被其他小豬搶走奶嘴,才頓悟「原來東西被搶走會傷心」。在路過大狗的幫助下,邦尼拿回奶嘴，趕快回家把奶嘴還給弟弟，還被媽媽誇讚「真會照顧弟弟」，故事有驚無險的結束。

等小的長大，手足關係就從單純的喜愛或嫉妒，演變成「弟妹根本是個麻煩，但我還是喜歡（或不得不）和他／她在一起」。喬安娜．艾斯特拉的《我的妹妹》（步步，二〇一八）傳神的描繪出，姊姊對妹妹又愛又恨的矛盾。對姊姊來說，妹妹是連外星人都受不了，所以才被丟包到地球的非我族類。妹妹口齒不清卻喋喋不休，把姊姊的書和貼紙拿去亂玩，和姊姊打架然後害姊姊被罵……妹妹不是姊姊的朋友，但兩人的一切都混在一起，你泥中有我，我泥中有你。雖然姊姊一直在抱怨妹妹，但看完這本書，會覺得姊姊對妹妹還是很有愛、很溫柔。

老大有比較多經驗，能力也較強，但畢竟是孩子，總會有恐懼、無力的情緒和不知所措的時刻。如果又要照顧弟弟、妹妹，壓力其實很大。筒井賴子和林明子的《佳佳的妹妹不見了》（英文漢聲，二〇一一）就透過小小孩走失事件，訴說大孩子的恐懼。雖然圖畫的筆觸很溫柔，最後妹妹也平安歸來，但字裡行間還是充滿不安（「妹妹會不會被壞人帶走？會不會被車撞？」），以及一不小心就會墜落絕望深淵的驚險。

不過，面對恐懼／危機並學會負責、解決問題，也是成長的一部分。在莫里斯·桑達克《在那遙遠的地方》（格林，一九九六）中，爸爸出海了，媽媽在涼亭，

手足不是朋友，但手足的一切都混在一起，你泥中有我，我泥中有你。雖然書中的姊姊一直在抱怨妹妹，但看完這本書，會覺得姊姊對妹妹還是很有愛、很溫柔。

《我的妹妹》 喬安娜·艾斯特拉／文圖，李家蘭／譯，步步出版。

伊達獨自陪伴妹妹，卻沒有好好看著她，於是妹妹就被妖精抱走了。伊達去找妹妹，一開始找不到，因為妖精變成妹妹的樣子混淆視聽。後來依達吹起號角、打敗妖精，終於找到妹妹平安回家，也因此變得更負責任。話雖如此，看到這樣的故事還是有點心痛，畢竟該負責任的應該是大人，但故事中「不負責／無法負責的大人」也是寫實的社會現象……

老大有老大的辛苦，弟弟、妹妹有沒有身為弟弟、妹妹的辛苦呢？當然有。最辛苦的，大概是忍受寂寞。有時候，我帶老大出去玩，沒帶小的，回家後，家人都會和我說，小的有多哀怨。弟弟、妹妹應該也常聽到，「你還小，你不能怎樣怎樣」。就像老大面對妒忌、憤怒、失落需要學著自我調適，老二也只能常常自己找樂子。

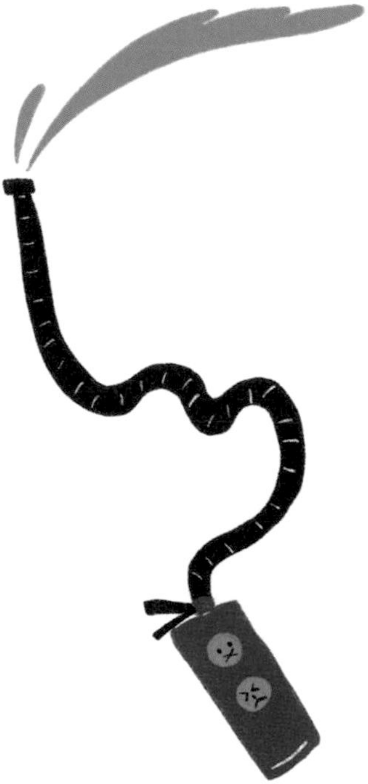

在錢茵的《娜娜的煎餅》

（親子天下，二〇一四）中，小女孩娜娜原本很羨慕姊姊和朋友玩得開心，而自己在姊姊們的遊戲中，只能當配角，甚至道具，因此感到很失落。娜娜學她們做煎餅，一開始因為做得不像（把鹽當成糖）而被笑，但因為鄰居說她的煎餅很特別，而肯定了自己的價值。露絲瑪麗・威爾斯的《莫里斯的妙妙袋》（上誼，一九九三）也在講類似的主題，聖誕節時，大家都得到禮物，莫里斯想玩哥哥、姊姊的禮物卻不被允許（「你太小了」），後來他找到一個讓自己隱形的袋子，哥哥、姊姊反而想玩他的禮物，搶著要把自己的禮物給他。

我曾問老大：「和弟弟相處最辛苦的是什麼？」他說：「弟弟一直動我的東西。」「那最快樂的呢？」老大想了想，爆笑出聲：「可以一起搗蛋！一起搗蛋最好玩了！做壞事還有人學！最棒了！」

雖然聽到這樣的話，媽媽既開心又惶恐，但他說的確實沒錯。講述姊弟情誼的伊求和賴尼的《拉拉與我》（小魯，二〇〇五）之所以雋永好看，就是因為書中沒有說教，整套書都是關於兩個小孩搗蛋的趣事。

雖然不知道老大老二的相處會如何發展，也不知道長大後，他們會怎麼看待這段共處的時光，我還是私心希望，這對他們來說都是一段珍貴的日子，有悲傷憤怒，也有歡喜滿足。或許那時候，那些讓我抓狂的搗蛋和兄弟爭吵，也會是甜蜜的回憶呢。

這一夜我們共讀了……

1.《小兔比特當哥哥》（*Croquette devient grand frère*），雅爾梅勒．何努特／文，克萊兒．弗勞薩／圖，吳愉萱／譯，明天國際圖書出版，二〇一三年。舊名譯為《小兔子比特要當哥哥了》。

2.《哦，邦尼》（暫譯，*Jamen Benny*），Barbro Lindgren／文，Olof Landström／圖，瑞典 Rabén & Sjögren 出版，二〇〇一年。波蘭文譯名：*Ładnie, Bolusiu!*。

3.《我的妹妹》（*Mama*），喬安娜．艾斯特拉／文圖，李家蘭／譯，步步出版，二〇一八年。

4.《佳佳的妹妹不見了》（あさえとちいさいいもうと），筒井賴子／文，林明子／圖，漢聲雜誌／譯，英文漢聲出版，二〇一一年。

5.《在那遙遠的地方》（*Outside Over There*），莫里斯．桑達克／文圖，郝廣才／譯，格林文化出

娜娜的煎餅
小兔子比特要當哥哥了
【家中有新成員】
拉拉與我
莫理斯的妙妙袋
我的妹妹
SERPA
Barbro Lindgren · Olof Landström
Ładnie, Bolusiu!
佳佳的妹妹不見了
OUTSIDE OVER THERE
MAURICE SENDAK

版，一九九六年。

6.《娜娜的煎餅》（新版），錢茵／文圖，親子天下出版，二〇一四年。

7.《莫里斯的妙妙袋》（*Morris's Disappearing Bag*），露絲瑪麗．威爾斯／文圖，何亦達／譯，上誼文化出版，一九九三年。

8.《拉拉與我》（*Ich und meine Schwester Klara*），笛米特．伊求／文，瓦特．賴尼&陶朵．賴尼／圖，鄭如晴／譯，小魯文化出版，二〇〇五年。

第十三夜

可以和我做朋友嗎？

孩子開始上學後，父母除了擔心他們的課業適應、生活常規等問題，最關心的應該是孩子的人際關係吧。包括我自己在內，許多家長和孩子自己，都會擔心：孩子在學校交不交得到朋友？也不斷學習、思考，孩子和別人有衝突怎麼辦？欺負和不知分寸的打打鬧鬧，有什麼差別？這些事要全權留給老師處理，還是家長也該適時、適度介入？怎麼樣才算適時、適度呢？要是家長要按照叢林法則，讓孩子自己殺出一條血路，孩子會不會覺得很無助？還是繼續用羽翼保護孩子，那別人會不會覺得孩子是媽寶？孩子需要／想要被保護嗎？如果孩子在學校遇到問題不說，家長該怎麼辦？

老大剛開始上小學時，我們也經歷過一段忐忑不安的時光。好幾次，我們注意到，孩子放學後和平常不太一樣。問他，他卻什麼都不說，直到過了一段時間才願意告訴我們，在學校有什麼課業，或人際的事讓他不開心、尷尬、挫敗。一開始，我也很挫敗，覺得自己是不是很差勁的媽媽啊？為什麼孩子遇到困難，不想跟我說。但是，回想自己的少年時光，我在學校遇到問題，也不會和父母說。而且，就算孩子跟我說了，我也不一定能給出什麼有用的建議，畢竟我也不是很會處理人際關係（我選擇當個在家工作的翻譯和作家，就是為了逃避人際關係啊），求學期間，好像也很難和同學打成一片。

我想大部分的人，都會希望有個可以談心的好朋友，或至少有一個可以一起哭、一起笑、一起玩的對象。我小時候，對「朋友」最美好的想像，來自亞諾士的「小老虎和小熊」系列（上誼，一九九四）。小老虎和小熊是一對好朋友，牠們住在河邊一棟有煙囪的小房子裡。每天小熊到河邊釣魚，小老虎到森林採蘑菇，日子過得平靜愉快。小熊很會煮飯和照顧人，當小老虎寂寞、難過、生病時，小熊都會及時出現安慰牠。牠們一起去找巴拿馬（《噢，巴

拿馬》）、一起尋寶（《走，我們尋寶去》）、一起哭、一起笑。他們一方面很實際、有行動力（看到巴拿馬飄來的、有香蕉味道的木箱，就決定要去巴拿馬，還用木箱做了路牌），另一方面又隨興、充滿夢想（不停往左轉，最後巴拿馬沒找到，反而回到家，卻很高興的把家當成巴拿馬住下來）。牠倆的個性如此不同，但這不影響他們的友誼。雖然會吵架、冷戰、分手，但牠倆最後依然會重修舊好。

有時候有了好朋友，你雖然開心，卻也會患得患失：如果好朋友遇到新的好朋友，會不會就不理你了？你可以和好朋友的好朋友，好好相處嗎？柯佛和杰弗斯《想像的佛烈德》（HarperCollinsChildren’s Books，二〇一五）就用了一個輕鬆幽默的方式，講述這種不安的心情。佛烈德是一個隱形朋友，他會在小朋友需要他、把他想像出來時出現，但當小朋友去找真的朋友玩時，他就會再次孤獨一人。有一天，他遇到了一個他真心喜歡、也相處得很好的朋友，他很開心，希望可以一直和這個朋友在一起。但是有一天，他的好朋友帶來了一個真正的朋友，佛烈德很傷心，以為他又會消失。沒想到，這個新朋友也有一個隱形朋友！四個「人」相處得非常愉快，還可以一起演奏四重奏。

好朋友可遇不可求，而且可能要花許多年才能遇到，而能維持多年的友誼就像鑽石一樣珍貴，還要靠天時、地利、人和才能維持。有社交障礙的我，小時候每次分班或畢業後，開學第一天是最痛苦的一天，因為好不容易交到的好朋友都四散各處了，然後又要認識新的人，打入新的小圈圈。有時候進不去任何小圈圈，就會成為班級的邊緣人，和其他邊緣人一起取暖（但通常不太暖啊，這個小圈圈也有各種猜忌和勾心鬥角）。學校也會有各種排擠和欺負的行為，尤其是那些看起來和大家不一樣的人，比方說功課不好的、長得矮的、不聽老師話的、長得不漂亮的、特立獨行的，特別容易受排擠。有時候，不只受到同學排擠，還會受到老師排擠。這時候，其他同學的支持和仗義執言就很重要。

我還滿喜歡一本叫做《新同學》的德國繪本（Klett Kinderbuch，二〇〇九）。這本書講一個轉學生到了新的班級，發現班上有個惡霸，會欺負別的同學。於是，這個轉學生挺身而出，叫惡霸不要欺負人，然後大家都覺得新同學很帥。轉學生挺身而出，比「遠離霸凌．保護自己正能量繪本套書」（和平國際，二〇一九）中同學的陪伴更加積極主動，也顛覆了「轉學生會被欺負」的刻板印象。同學團結的力量在勒南和戴爾飛的《我是老大》（米奇巴克，二〇一四）中也可以看到。呂西安的班上來了一個阿拉伯轉學生，呂西安不喜歡她，覺得她不是法國人，嘗試煽動其他同學排擠她，結果反而惹毛所有同學，讓自己被大家疏遠。

雖然同學的幫助很重要，但也像好朋友一樣可遇不可求。很多時候，孩子還是得自己面對、解決問題，而波蘭漫畫《魯夫斯——披著羊皮的狼》（Egmont，二〇一八）就在講這個面對的過程。書中的主角是一隻被綿羊父母領養、因為個性溫和而被熊同學欺負的狼——魯夫斯。魯夫斯不想和熊一起欺負草食系同學，於是披著羊皮去上學，後來果然被熊欺負了，羊爸爸、羊媽媽看他披著羊皮，以為他在耍叛逆，跟他促膝長談，分享自己也有年輕叛逆的時候，比如把毛剃光，假裝自己是海豹……羊爸爸、羊媽媽誠意十足，而且很可愛，但好像幫不上太多忙。雖然當他們得知問題所在後，給出了一些好建議，比如團結就是力量，但他們確實無法教魯夫斯如何當匹狼，如何對抗熊。

面對困境，這本書提出了一個頗為可愛，又有點無厘頭的解決方式。魯夫斯的同學們帶他去找被通緝的野狼黑道大哥，請他教魯夫斯怎麼當狼。大哥很有義氣的替魯夫斯上了為期一天的「野狼速成班」。然後，魯夫斯在熊面前一聲狼嚎，熊就認為「酷，兄弟，你是個真正的掠食動物了」。和熊走得比較近之後，魯夫斯發現，熊其實不那麼愛耍狠，只是不知道身為一頭熊，要如何和其他動物相處……而其他的動物也不信任熊和魯夫斯，因為他們「不管怎樣都是掠食動物」。

這又是一個難解的習題。魯夫斯的解決方式，是引用羊爸爸的說法：「標籤只適用於食品，不適用於人，每個人都可以當他自己。」雖然這句話是羊爸爸說的，但真正實踐了這句話的是魯夫斯。他證明了他可以不當讓人害怕的狼、不當害怕別人的羊、而是兼具狼和羊特質的魯夫斯，同時被掠食動物和草食動物信任、接納，也讓兩者看到，每個人都可以做他自己，友情不是建立從屬關係，或把每個人變得一樣。

希望我們家的兩個孩子在人生路途上，可以遇到志同道合的好朋友，同時也做自己的好朋友——後者搞不好比前者還重要啊。

這一夜我們共讀了……

1. 「小老虎和小熊」（*Tiger und Bär*）系列，包括《噢，巴拿馬》（*Oh, wie schön ist Panama*），《小老虎，你的信》（*Post für den Tiger*），《我會把你醫好的》（*Ich mach dich gesund, sagte der Bär*），亞諾士／文圖，武玉芬、藍露黛／譯，上誼文化出版，一九九四年。

SZTYBOR
ŚWIĘTEK
RUFUS
WILK W OWCZEJ SKÓRZE
FRED
Meyer • Lehmann • Schulze
Nowy
Potworne Maluchy

2.《想像的佛烈德》（*Imaginary Fred*），Eoin Colfer ／文，Oliver Jeffers ／圖，Harper Collins Children's Books 出版，二〇一五年。波蘭文譯名：*Fred - wymyślony przyjaciel*。

3.《新同學》（*Der Neue*），Meyer．Lehmann．Schulze ／文，Susanne Göhlich ／圖，Klett Kinderbuch 出版，二〇〇九年。

4.《不！我不喜歡被捉弄》（*Teasing Isn't Funny: What to do about emotional bullying*），梅麗莎．希金斯／文，西蒙娜．希恩／圖，謝明珊／譯，和平國際出版，二〇一九年。

5.《不！我不喜歡被恐嚇》（*Insult Aren't Funny: What to Do About Verbal Bullying*），亞曼達．德林／文，西蒙娜．希恩／圖，謝明珊／譯，和平國際出版，二〇一九年。

6.《不！我不喜歡這種玩笑》（*Sometimes Jokes Aren't Funny: What to Do About Hidden Bullying*），亞曼達．德林／文，西蒙娜．希恩／圖，謝明珊／譯，和平國際出版，二〇一九年。

7.《不！我不喜歡被推撞》（*Pushing Isn't Funny: What to Do About Physical Bullying*），梅麗莎．希金斯／文，西蒙娜．希恩／圖，謝明珊／譯，和平國際出版，二〇一九年。

8.《我是老大》（二版）（*Vive la France !*），提利．勒南／文，戴爾飛／圖，謝蕙心／譯，米奇巴克出版，二〇一四年。

9.《魯夫斯——披著羊皮的狼》（*Rufus. Wilk w owczej skórze*），Bartosz Sztybor ／文，Agnieszka Świętek ／圖，Egmont Polska 出版，二〇一八年。

第十四夜

做自己的艱難

有一陣子，大衛．威廉斯和昆丁．布雷克的創作《穿裙子的男孩》（聯經，二〇一五）被國小圖書館暫停借閱的新聞，紅遍全臺（一本童書能紅成這樣，真是不簡單）。於是，我好奇的找書來看。看完後，不禁覺得，暫停借閱很烏龍。有家長疑慮，這本書鼓勵變裝，認為孩子不該閱讀。但是，一本書其實沒那麼大效力呀！而且說真的，男生穿裙子也沒什麼。

與眾不同、做自己真是不容易，不管是做為一本獨特的書，還是身為書中穿裙子的男孩。書中的主角是愛踢足球的男孩丹尼斯，因為接觸了時尚雜誌，愛上裡面漂亮的衣服（真的，和男生的衣服比起來，女生的衣服有趣多了），一時興起，穿著女裝假扮成法國留學生到學校，卻被其他學生嘲笑、還被校長開除，不能上場參加足球比賽。

雖然，這個故事的結局皆大歡喜——丹尼斯在一番波折後，獲得了同學、朋友、老師、家人的支持和接受，也能繼續保持他對於踢足球與時尚這兩種興趣，但整個過程對一個十二歲的男孩來說，還是很驚心動魄，一不小心，就會落入自我懷疑和厭惡的絕望深淵。

我們常聽到大人對孩子說：「每個人都不一樣，做自己就好。」但其實這些大人內心還是希望：孩子是一樣的，或者至少，不要和別人太不一樣。孩子也會希望自己和別人穿一樣的衣服、吃一樣的東西，和大家一樣上課輔班……擔心自己會因為不一樣而格格不入，或被排擠。

不相信孩子會害怕和別人不一樣嗎？那我們來看看大衛．麥基的《大象艾瑪》（和英，二〇一八）吧。艾瑪是一頭花格子大象，即使受到象群喜愛、接納，牠也會擔心，其他大象到底是真的喜歡牠的幽默風趣，還是大家覺得牠身上的花格子很好笑，才和牠在一起。於是，艾瑪把身體染成灰色，變得和其他

老虎先生
神奇床
我是一顆小星星
David Walliams
穿裙子的男孩
亞斯的國王新衣
大象艾瑪
和英文化

的大象一樣。但是變身之後，牠才發現，當一隻灰色的大象好無聊……最後，一場雨洗去了艾瑪的偽裝，其他大象以為這是艾瑪的玩笑，哈哈大笑。艾瑪確認了自己的價值，故事歡喜收場。

忠於自己的樣貌，不討厭自己，不強迫自己變得像大家一樣，這樣才會快樂，這道理我們都知道。其實，「大家都一樣」，根本是集體幻覺呀！只是，做自己也真的好難，多半時候，由許多不同個體組成的社會群體，會無所不用其極的，把每個人都塞進制式的框架，因為這樣才會比較好管理。於是，當社會群體看到不一樣的人、事、物時，就會恐慌。

不一樣的孩子，有時會受到很殘忍的對待。臺灣作家李光福《我是一顆小星星》（巴巴，二〇一六）中的小男孩，因為行為舉止不太一樣，就被同學小強說是火星人、水星人、流浪星人……雖然作者說，故事的靈感來自一名特殊生，但仔細想想，我們每個人或多或少，不都有因為不一樣而被別人嘲笑的經驗嗎？或者，有時候，我們也會因為別人不一樣而嘲笑別人，就像故事中的小強。這個故事讀起來令人傷心，而且因為貼近現實，更令人傷心。

有時候，為了維護自己的獨特，孩子必須付出很大的代價，甚至和家人起衝突。約翰・伯寧罕《神奇床》（遠流，二〇一三）中的喬治和爸爸一起買了張二手床，每天晚上這張床都會在他念了咒語後，載他去各處冒險，在草原上說故事給精靈聽、幫迷路的小老虎回家、和海豚一起游泳……然而，祖母卻不喜歡這張床，因為它很舊。有一次，喬治去度假回來，發現祖母幫他買了一張新床，舊床則被丟到垃圾場，他不顧一切衝到垃圾場，跳上床，念了咒語，從此到處流浪，再也沒有回家。

做自己很難，但是社會化也不容易。其實，「自己」和「社會」都是模糊、流動的概念，會隨著情境不同而改變。謝爾・希爾弗斯坦《一隻向後開槍的獅子：拉夫卡迪歐》（水滴，二〇一六）中的神槍手小獅子，在離開草原、來到人類世界後，為人們表演開槍而賺了很多錢，變得人模人樣，但牠並不快樂。在一次狩獵中，小獅子回到草原，遇到以前的獅子同伴，牠不想開槍射牠

老虎先生受夠了文明生活，牠渴望奔跑、吼叫，盡情當一隻野生動物，透過牠的出走和回歸，讓讀者尋找自我的平衡。

《老虎先生》 彼得．布朗／文圖，劉清彥／譯，小天下出版。

們，但也無法回去當一頭獅子。於是，牠只能默默離開這兩個社會，去尋找一條屬於自己、但前途未卜的路。

面對做自己與社會化的衝突，或是在兩者之間感到迷惘時，許多人會選擇出走或避世。有些人會找到平衡，或走出自己的路。彼得．布朗《老虎先生》（小天下，二〇一四）中的老虎先生，算是比較幸運的。受夠了穿西裝、打領帶，和鄰居

亞斯很會畫昆蟲，但因為不知道如何和其他人相處，而被大家視為頭痛人物。即使如此，還是有人欣賞他，最後他也有機會發揮才能，用藝術和世界溝通。

《亞斯的國王新衣》 劉清彥＆姜義村／文，九子／圖，巴巴文化出版。

朋友有禮貌的打招呼，老虎先生脫下衣服，在城市裡奔跑、吼叫，盡情的當一隻野生動物。鄰居和朋友受不了牠，叫牠到野外去，牠也真的去了。後來，當牠因為想念鄰居和朋友而回來，開心的發現朋友們也發崛了自己的野性，大家都找到了平衡。

劉清彥、姜義村與九子《亞斯的國王新衣》（巴巴，二〇一五）中的亞斯，也是個頗為幸運的孩子。亞斯很會畫昆蟲，但因為不知道如何和其他人相處，而被大家視為頭痛人物。他可能永遠無法融入社會，但因為一場意外的火災，人們發現他的畫很美麗，於是他的畫風靡全國，甚至連一開始被亞斯說「沒穿衣服」而出醜的國王，都命人採用亞斯的設計，來為自己打造一套新裝。

也許這會是一條可行的路？找到一件自己喜歡的事，然後用這件事和世界溝通、對話，就可以做自己。聽起來很勵志，但是做起來很難，而且，這件事還得是世界能理解的事。試想，如果亞斯的畫沒有那麼漂亮，或是畫得很好大家卻看不懂，他還能從一個怪小子，搖身一變成為眾人眼中的驕傲嗎？很困難吧！

最理想的狀況，是打造一個具有包容性又有彈性的社會，每個人都能保持獨特、又能與社會互動；每個人不必改變自己的樣貌，也能擁有自己的歸屬。就像美國作家麥克斯．埃爾曼（Max Ehrmann）在他的散文詩〈我們所想望的〉（Desiderata）中寫道的：「你是宇宙的孩子，和星辰、樹木一樣，你有在這裡的權利。」

要達到那樣的理想，很難，而且過程很緩慢，但我們還是要堅定的前進。在抵達之前，就讓我們多給孩子一點支持吧！這樣他們在探索自己的道路上，可以走得不那麼辛苦。

這一夜我們共讀了……

1.《穿裙子的男孩》（*The Boy in the Dress*），大衛・威廉斯／文，昆丁・布雷克／圖，黃瑋琳／譯，聯經出版，二〇一五年。
2.《大象艾瑪》（*Elmer*），大衛・麥基／文圖，周逸芬／譯，和英文化出版，二〇一八年。
3.《我是一顆小星星》，李光福／文，許匡匡／圖，巴巴文化出版，二〇一六年。
4.《神奇床》（二版）（*The Magic Bed*），約翰・伯寧罕／文圖，林真美／譯，遠流出版，二〇一三年。
5.《一隻向後開槍的獅子：拉夫卡迪歐》（50周年紀念版）（*Lafcadio, the Lion Who Shot Back*），謝爾・希爾弗斯坦／文圖，劉美欽／譯，水滴文化出版，二〇一六年。

6.《老虎先生》（*Mr. Tiger Goes Wild*），彼得・布朗／文圖，劉清彥／譯，小天下出版，二〇一四年。

7.《亞斯的國王新衣》，劉清彥，姜義村／文，九子／圖，巴巴文化出版，二〇一五年。

第十五夜

彩虹是所有人的彩虹

同性婚姻專法在二〇一九年通過了，臺灣成為亞洲第一個同性婚姻合法的國家。傳統的家庭結構改變了，性別角色的框架也會鬆動。同志父母家庭似乎比較沒有傳統「男主外、女主內」的包袱，他們的生活方式，會不會也對異性戀父母帶來影響？（好期待異性戀男人們看到同志爸爸做家事、帶小孩也能模仿！）同志如果寫教養書，會是什麼樣子？也會和一般父母一樣焦慮嗎？還是他們會有更有創意的教小孩的方式？好想知道啊！

但在興奮期待的同時，也要和孩子好好介紹，什麼是同志家庭，免得他們因為不了解或誤會而歧視同志。早在同婚法通過之前，我就開始教育自己的孩子，什麼是同志和同志家庭。其實我起步的算晚，因為以前也不知道怎麼教啊！「嗨，今天我要和你談談同志」這麼正襟危坐和孩子的坐下來談，也不是我的風格。所以，一開始只有帶小孩去同志遊行，簡單告訴他，在這裡是要爭取同志的權益，讓同志和所有人一樣享有平等的權利。

因緣際會，我翻譯了兩本同志爸爸繪本：《國王與國王》和《國王與國王與他們的家》（青林國際，二〇一八）。孩子常常好奇我在電腦前做什麼，所以他也就看到了這兩本繪本，被絢麗大膽的拼貼畫風深深吸引。

「這什麼呀？」「這是媽媽翻譯的繪本呀。」「在講什麼的？」於是，我就和他講這兩本書。巴提王子不想結婚，但因為他媽媽想退休，只好舉辦招親大會（真的好像臺灣長輩「你怎麼還不結婚」的逼問）。招親大會來了許多公主，但王子都不喜歡。最後，王子遇見了令自己心動的對象，那是另一名王子。兩人共結連理，女王順利退休，皆大歡喜。

在第二本書中，兩位國王去度蜜月，在旅途中遇到許多動物家庭，心生嚮往，也想要有自己的家。可是，他們要怎麼生小孩呢？故事給了一個很天馬行空的解決方式，一個女孩自己選擇要當他們的小孩，躲到他們的行李箱中，和他們回家了！雖然好像一切都太巧、太順利了，不過，童話也有寫實的部分。兩位國王為了與女孩的關係合法化，需要簽很多文件、蓋很多印章，這也反映出同志收養小孩過程的複雜繁瑣。

我講給孩子聽的時候，他沒有特別驚訝，好像把同志家庭當成一件理所當然的事，甚至還想幫他們畫第三集《國王和國王搬家記》，關於兩個國王和女孩搬離女王的宮廷，去蓋一個屬於自己的家的故事！我在高興之餘也不禁有點擔心，這樣講真的足夠嗎？他會不會覺得，同志的生活過得很容易，而忽略同志的艱難處境？

這時，剛好遇見了田龜源五郎的《弟之夫》（臉譜，二〇一八）。這套書很好看，而且很好讀，我和孩子都在一天內一口氣看完了。後來，孩子喜歡到一看再看，目前總共看了五十五次！《弟之夫》的故事很簡單，單親爸爸彌一多年不見的雙胞胎弟弟涼二過世了，他的加拿大丈夫麥克飛到日本，和彌一及他的家人共度了一段時光。一開始，彌一無法接受麥克，但當他看到麥克對過世弟弟的思念，他對麥克的態度就從防衛排斥，轉為理解接納。當他發現身邊的人會歧視同志，又想到如果自己的女兒是同志，也可能遭受歧視，於是生出了捍衛同志權益的念頭。歷經了一番懷疑、辯證與掙扎後，彌一最後終於能鼓起勇氣和別人介紹麥克，也接受了他是自己的家人。

《弟之夫》的轉折很細膩，也很寫實。對許多不熟悉同志，和同婚議題的異性戀來說，了解、接納同志的同婚過程，通常並非一步到位，而是需要長時間的多方了解。這套漫畫很貼心的用了許多說明欄，提供關於同志的小知識，可說是給父母或教師的懶人包，甚至小學生也可以自己看懂。彌一克服恐同心態、接受自己和自己家人的心路歷程，應該會讓許多人有共鳴。我小時候對同志也有許多不了解和恐懼，直到十六歲時認識第一個同志，才發現：啊，原來大家都一樣啊。

「原來大家都一樣」是一個很好的同理的起點。梅爾・艾略特的《她有兩

國王與
國王
她有
兩個
爸爸
國王與
國王
與
他們的家
弟の夫
1
田亀源五郎
薩琪到底有沒有
小雞雞？
蝸牛小弖
是男生或女生？
Joanna Olech
Edgar Bąk
EGALITERRA!

個爸爸》（青林，二〇一九）就是一個這樣的故事。活潑的佩兒認識了新朋友瑪蒂達，發現她有兩個爸爸。她以為，有兩個爸爸的家庭一定比較好玩，因為可以吃零食、在床上跳。但後來發現，原來瑪蒂達的爸爸也和自己的父母一樣會叫小孩安安靜靜坐好、吃健康的食物，就有點失望的說：「他們家和我們家一樣！」瑪蒂達可愛的想法令人會心一笑。而對許多同志家庭來說，他們所希望的就是被平等對待，不要被投以異樣眼光。

不只是同志家庭，有非傳統性別氣質，性別認同，性傾向的人，也希望被平等對待。但很可惜的，不管在臺灣還是全世界，依然有許多大人和孩子因為和別人不同，而被霸凌、欺負、歧視，甚至因此喪失生命。其實，每個人都是不同的，只是群體會塑造出一個「大家都一樣」的幻覺。

有時候，對別人的歧視是無意的，只是因為不了解。像《蝸牛小ㄕㄢ是男生或女生？》（玉山社，二〇一八）中的獾伽彼老師和其他動物小朋友，因為他們刻板的二元性別觀點，認為喜歡踢足球就是男生，喜歡玩洋娃娃就是女生，讓雌雄同體、還沒決定好自己要當男生還是女生的小ㄕㄢ，第一天上學就害怕的縮回殼裡去了。

其實，性別有許多不同的光譜。小ㄕㄢ在水豚輔導老師的建議下，拜訪了有一妻多夫制的狨猴、夫夫成家的黑天鵝、會變性的隆頭魚（這些在自然界都是有根據的喔！作者之一是生物學家）等動物，也因此對自己更有自信。當然啦，動物不是人，沒有傳統家庭、性別刻板印象和性別認同的問題，這個故事是用隱喻的手法講人的故事，但我們也可透過動物的例子反思：男生就要「有男生的樣子」，穿藍色衣服玩汽車，女生就要「有女生的樣子」，穿粉紅色玩娃娃，這種對性別的二元劃分及想像，是否太刻板？

要破除性別刻板印象，教導孩子性別平權，勒南和戴爾飛的《薩琪到底有沒有小雞雞》（米奇巴克，二〇一五）是一本不錯的入門書。故事的主人翁馬克斯，一直把人分成「有小雞雞的」和「沒有小雞雞的」。他認為，只有「有小雞雞的人」才是有能力、強壯的人，然而當他遇到會踢足球、畫長毛象、跳高和打架都強過男生，而且沒有小雞雞的女生薩琪，他才意識到，男生和女生都可以做這些事，女生並沒有缺少什麼。

《薩琪到底有沒有小雞雞》呈現的還算是一個理想的世界，故事中的馬克斯能改變自己的偏見。現實中，很多大人都做不到這一點，還是會有很多人說：「啊，是弟弟喔？那就穿藍色的。」「你兩個都生兒子啊，真好命，你婆婆一定很開心。」或是，明明男女不平等，明明媽媽要做的工作、要付出的時間和心力就是比爸爸多，許多上班族的媽媽回到家還是要帶小孩，不能像爸爸一樣躺在沙發上休息，卻有人不肯承認，一直堅持兩性很平等。就像波蘭繪本《平等星球》（Wytwórnia，二〇一七）中那些享有資源的藍色熊熊一樣。他們一直占據著好位置、好工作，直到刷馬桶、推娃娃車的粉紅色熊熊忍無可忍，站出來爭取自己的權益，要求真正的平等。

8
所以，馬克思非常得意自己是
「有小雞雞」的　員。
不過，女孩子就沒那麼幸運了
有小雞雞的人
9
然而，這也不是她們的錯，
對馬克思來說，
女孩子就是少了某樣東西！
沒有小雞雞的人

馬克斯一直把人分成「有小雞雞的」和「沒有小雞雞的」。他認為，只有「有小雞雞的人」才是有能力、強壯的人，然而當他遇到薩琪，他才意識到，女生和男生一樣有能力、一樣強壯，女生並沒有缺少什麼。

《薩琪到底有沒有小雞雞》 提利．勒南／文，戴爾飛／圖，謝蕙心／譯，米奇巴克出版。

「不同但平等」（All different, All equal）是歐洲理事會在一九九五年提出的一個平權／反歧視運動，二十多年過去了，我們依然在為實踐這個運動的價值而努力。天上的彩虹所有人都能看到，希望從現在開始，地上的彩虹也能屬於所有人，不管是誰都能欣賞。

這一夜我們共讀了……

1. 《國王與國王》（*Koning & Koning*），琳達．德韓&斯特恩．奈蘭德／文圖，林蔚昀／譯，青林國際出版，二〇一八年。
2. 《國王與國王與他們的家》（*King & King & Family*），琳達．德韓&斯特恩．奈蘭德／文圖，林蔚昀／譯，青林國際出版，二〇一八年。
3. 《弟之夫》（弟の夫），田龜源五郎／文圖，黃廷玉／譯，臉譜出版，二〇一八年。
4. 《她有兩個爸爸》（*The Girls with Two Dads*），梅爾．艾略特／文圖，林蔚昀／譯，青林國際出版，二〇一九年。
5. 《蝸牛小ㄕㄢ是男生或女生？》（*Kim jest Ślimak Sam?*），瑪莉亞．鮑沃芙斯卡，雅各．沙曼維克／文，卡塔吉娜，波古茲卡／圖，林滄海，陳力綺／譯，玉山社出版，二〇一八年。

6.《薩琪到底有沒有小雞雞？》（二版）（*Mademoiselle Zazie a-t-elle un zizi ?*），提利・勒南／文，戴爾飛／圖，謝蕙心／譯，米奇巴克出版，二〇一五年。

7.《平等星球》（暫譯，*Egaliterra*），Joanna Olech 文，Edgar Bąk 圖，Wytwornia 出版，二〇一七年。

3. 世界是一所學校

許多年前還沒有孩子的時候，我讀了日本作家大江健三郎的《為什麼孩子要上學》（時報出版）。那是他思考著「孩子的童年生活中，成人到底應該給他們什麼」所寫的隨筆。

如今，我也有孩子了。現在，換我來思考：「我能教孩子什麼？」「為什麼孩子要上學？」「在這個世界上存活，孩子需要什麼樣的知識、涵養和技能呢？」

很多時候，我不知道答案，也沒有自信能教孩子什麼。但是，就像「生命會自行找到出路」那個老梗說的，孩子會自己摸索，發現他們想要學什麼，以及怎麼學。他們一開始在家裡學，之後在學校學，同時也在社會、世界上學。有一天，我們做父母的終會沒有東西可以教他們，我們所要做的，就是陪伴，還有在他們來問我們時和他們討論，我們也會從中學到許多。

第十六夜到第二十一夜，就讓我們來談談在世界這所學校中，孩子和我們能學到的東西，以及學習過程中的快樂與徬徨。

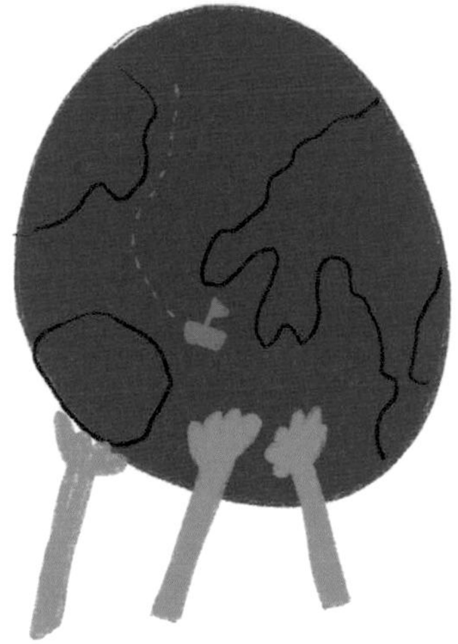

第十六夜

準備好長大進入這個世界了嗎？

媽媽當久了就知道，孩子隔一陣子會有大噴發似的成長，比如說很長一段時間，我家老二只會說單詞「媽媽」、「不要」、「這個」、「喝」。某一天，他突然就會講句子了：「我不要這個。」「快點起來啦！」「要走了，差不多了！」還會自己和自己講話，演得很高興。過一陣子，他大概就會像哥哥小時候一樣，開始問「這是什麼？」「為什麼？」一想到必須有問必答、有求必應，就不由得咇咇掣（phih-phih-tshuah，閩南語，意指因害怕而發抖）。

話說回來，老大也依然在問東問西：「如果不下雨會怎樣？」「如果人都不用吃東西就可以活，會怎樣？」「人為什麼要刷牙、洗臉、洗澡、睡覺？」「什麼是聯考？」「什麼是共產主義？」「以後的工作都是機器人來做，那會怎樣？」「為什麼很多國家不承認臺灣？」「為什麼波蘭以前一萬塊是現在的一塊？」

孩子的問題讓我手忙腳亂、無法招架。有些問題是他拐彎抹角在抱怨，比方說其實他不想刷牙、吃飯、洗澡、睡覺；有些是他真的認真在思考。面對他的問題，很多時候我也不知道答案，只能硬著頭皮和他討論。有一次在餐廳吃飯，他問：「以後的工作都是機器人來做，那會怎樣？」他覺得人不用工作、只要機器人工作，這樣很好。但是，為了提供他一點不同的思考方向，我說：「那如果原本的員工被機器人取代了，他們就沒有工作，要靠什麼生活呢？」我們聊起無條件基本收入，但可惜沒辦法聊得太深入，因為我自己對無條件件基本收入都一知半解……唉，必須承認，媽媽吸收新知的速度，比不上孩子成長的速度。

和孩子一起討論、一起想答案也會有許多驚喜。有一次我們在看ＨＯＭ（鴻）的《大城小事5》（時報，二〇一九），他看到主角模擬考三百五十分，問

明日之書
這就是獨裁
ASÍ ES
LA DICTADURA
明日之書
關於社會階級
HAY
CLASES SOCIALES
明日之書
什麼是民主
CÓMO PUEDE SER
LA DEMOCRACIA
Susanne Schürmann
Mam przyjaciela
śmieciarza
大城小事
5

我這是什麼？我和他解釋聯考，說以前許多人覺得聯考不公平，因為只有成績好的學生才能進好學校……「對啊，我覺得成績不好的人，更應該進好學校！」「為什麼？」「因為這樣子他們才可以變得更好啊，不然他們就……嗯……一直在原來的地方，沒辦法改善自己的生活。」

看來，長大成人、離開家庭在社會上生活，要知道很多事才行。我小時候也像兒子一樣問過這些問題吧？為什麼不記得了呢？為什麼很多事我也不知道、不明白呢？

看起來，父母應該要重新學習一次，才能教小孩。如果學習社會運作的法則，能像學習車子的結構或各行各業的工作內容，一樣有趣、清楚明瞭就好了。我想起兒子小時候看過一本德國繪本叫《我朋友是清潔員》（Carlsen Verlag，二〇一〇），就是從一個小孩的眼光，看垃圾清潔員的工作，詳細介紹垃圾車如何收垃圾、垃圾會被運到哪裡、會如何處理、怎麼做資源回收和垃圾分類，除了收垃圾，清潔員還會清水溝、清理枯葉、鏟雪、清洗道路……比起單純叫小孩「要做資源回收、要環保愛地球」，這樣的繪本更能讓小孩印象深刻，並且更知道如何身體力行，不只是喊口號。

《我朋友是清潔員》是一套書當中的一本，同系列還有《我朋友是賽車手》、《我朋友是建築工人》、《我朋友是急救員》、《我朋友是警察》、《我朋友是船長》、《我朋友是公車司機》（一個「強者我朋友」的概念？）……透過這些書，孩子可以了解各行各業的生活，以及他們如何共同讓社會運作。

實際的工作付出比較好理解，抽象的東西比較難理解，但也需要談，畢竟，社會的運作不能只靠大家分工合作，也需要行政體系、法律規範、民主機制，和一些共同的理念和信仰。

手邊不是沒有這方面的書，老公從波蘭帶回好幾本波蘭童書，分別在講什麼是經濟、什麼是議會、什麼是民主……可是，這些書的字太多了，圖也不是很討喜。相較來說，來自西班牙的「明日之書」（Libros para mañana）套書（字畝，二〇一九）還比較受兒子青睞。西班牙的獨裁者佛朗哥死後，巴賽隆納的喜鵲科學出版社（La Gaya Ciencia）為了和兒童及青少年談什麼是民主制度、獨裁者、性別和階級，出了一套四本的明日之書。二〇一五年，西班牙半頭牛出版社（Media Vaca）沿用原版文字，找人繪製新插畫。舊瓶裝新酒，依然能呼應當下的世界。新版的「明日之書」甚至獲得了二〇一六年波隆那書展拉加茲獎知識類首獎。

這四本書分別由不同插畫家繪製，插畫風格各異，兒子喜歡《這就是獨裁》、《關於社會階級》，以及《女生與男生》的那幾本，因為畫得很有趣。許多看過這套繪本的大人，特別是民主教育也很匱乏的我們這一代，則有志一同的推崇《這就是獨裁》！我問他們為什麼？他們說：「因為臺灣也有獨裁者啊！但是從來沒有人想要畫一本繪本，告訴小孩什麼是獨裁者！」

在《這就是獨裁》中，我們彷彿偷窺般看到一個獨裁者的生活。他的日子充滿例行公事，比方說出席閱兵開幕，和名流政要見面、瓜分利益。有時候，他的生活看起來荒謬可笑，因為他讀到的報紙新聞，都是用剪刀剪過的，經刪滅的。在他的統治下，人民過得很痛苦，因為人民只能像考聽寫一樣，照他的話去做，不能有自己的意見。如果人民反抗，搞不好會被抓起來關、驅逐出境，甚至被殺。雖然是這麼殘酷的現實，但可能因為畫風很可愛幽默，所以讀者可以放心看下去，甚至在某些時刻哈哈大笑。畢竟，現實不也是這樣子嗎？哭著、哭著，因為太荒謬可悲，反而笑了出來。

我有時候會疑惑，會不會太早和孩子講這些？會不會自以為是的把一些太嚴肅的概念、太殘酷的事件硬塞給孩子，強迫他提早長大、理解他尚且無法理解的事？可是，世界真的變得好快。在孩子長大之前，在我覺得可以教他之前，事情就發生了。很多時候我並不想講，但孩子會聽我和老公的談話，然後問：「什麼、什麼？你們剛剛在說什麼？香港在抗議什麼？有十三歲的人被抓了喔？」你叫他走開、不要聽，說「這不關他的事」，他會覺得被拒絕，然

四十年前出版的「明日之書」套書，談論民主、階級、獨裁與性別，今天看來依然新穎。這並不代表，我們的世界沒有進步，而是告訴我們：民主自由的生活是需要學習的，而且學無止境。

左上**《這就是獨裁》** 育苗團隊／文字與構思，米格爾．卡薩爾／圖，字畝文化出版。

右上**《關於社會階級》** 育苗團隊／文字與構思，尤安．內格雷斯葛羅／圖，字畝文化出版。

下**《民主是甚麼》** 育苗團隊／文字與構思，瑪爾妲．碧娜／圖，字畝文化出版。

後生氣走開，但他走了又會回來，或躲在外面偷聽。難道，我們永遠不在他面前談這些事？不可能！他也會看電視新聞，也會站在你身後看臉書，然後問：「這什麼？」

事實是，他已經不是那麼小的孩子了，無法被關在安全的家庭，而是開始進入社會、進入世界、進入未知。他知道的比我們想像的多，但又不夠多到能夠自己消化、面對，所以他會不停的問。說真的，這些事，即使是大人，也很難自己消化與面對。

辛波絲卡在〈故事開始〉一詩中說：「世界總是沒有準備好迎接一個孩子的誕生。」看樣子，我們也都是來不及準備好、來不及長大就進入世界、甚至迎來孩子了。能怎麼辦？就只有不停學習、試著回答孩子的問題，直到他不再需要我們，自己去找答案。

這一夜我們共讀了……

1. 《大城小事5》，HOM（鴻）／文圖，時報出版，二〇一九年。
2. 《我朋友是清潔員》（*Ich hab einen Freund, der ist Müllmann*），Ralf Butschkow ／文圖，Carlsen Verlag 出版，二〇一〇年。波蘭文譯名：*Mam przyjaciela smieciarza*。
3. 《什麼是民主》（*Cómo puede ser la democracia*），育苗團隊／文字與構思，瑪爾妲．碧娜／圖，張淑英／譯，字畝文化出版，二〇一九年。
4. 《這就是獨裁》（*Así es la dictadura*），育苗團隊／文字與構思，米格爾．卡薩爾／圖，張淑英／譯，字畝文化出版，二〇一九年。
5. 《關於社會階級》（*Hay clases sociales*），育苗團隊／文字與構思，尤安．內格雷斯葛羅／圖，張淑英／譯，字畝文化出版，二〇一九年。
6. 《女生與男生》（暫名，*Las mujeres y los hombres*），育苗團隊／文字與構思，Luci Gutiérrez ／圖，張淑英／譯，字畝文化出版，預定二〇二〇年底出版。

第十七夜

家家有本難寫的作業

家中有小學生的家長就知道，作業，是令所有小學生和家長頭痛的難題，就像早上賴床起不來怕遲到，晚上晚睡怕隔天早上賴床的輪迴一樣。

雖說寫作業、上床起床、刷牙洗臉，理論上是孩子自己的事，老師這麼教，家長也如此希望。但實際上，孩子的作業寫了，家長要檢查簽名，有時太忙忘了，老師可能還會提醒家長怎麼沒簽名。專家說，要讓小孩犯錯，不要幫他擦掉錯誤的地方，不要糾正他，這樣他才會從錯誤中學習。可是，他寫錯了就要罰寫，被老師批「一錯再錯！」訂正時又哭哭啼啼（因為國字好難寫呀），你忍不住會想，為什麼不一開始寫對就好？於是，你出手糾錯，成為專家口中那種管太多的家長。

只有一個學生
的學校
NIE
ODROBIŁEM
LEKCJI,
BO...
x²−y²=(x+y)(x−y)
(x+1)²=x²+2x+1
(x+y)²=x²+2xy
+y²

為作業吵架的戲碼，幾乎每天在我們家上演。孩子討厭寫作業，但是，誰不討厭？看看大衛．卡利的《我沒有做家庭作業，因為……》（小魯，二〇一四）就知道了啊！不討厭的話，幹嘛想那麼多理由？提醒孩子不要忘記寫作業，他就不必在學校利用下課時間，補未完成的作業。但是，這樣一來，你每天就要花時間盯他的作業，他的作業變成你的，他的焦慮也變成你的。

我實在不懂，為什麼孩子寫作業老是拖拖拉拉？難道不能一口氣把討厭的作業做完，之後就可以開心玩了？為什麼要邊寫邊玩，或先玩再寫，把所有人（好啦，只有媽媽）逼得抓狂？有次我忍不住，問兒子為什麼拖拖拉拉？他說：「如果先寫再玩，我玩的時候，就會擔心、緊張，想『啊……剛剛我有沒有寫錯？如果有沒寫到的怎麼辦？』就不能開心玩。」我問，那如果先玩再寫，就不會擔心、緊張嗎？他說：「會，也不會！嗯，這種感覺大概就像你生氣後，又放鬆、又沒有放鬆。」

為作業煩惱，似乎不是我們家獨有的問題。有一次，我去高雄小樹繪本咖啡分享柯札克的《麥提國王執政記》（心靈工坊，二〇一八），和大人、小孩一起開一場兒童議會，大家除了討論書中議題，也討論了寫作業。有個媽媽說，女兒已經可以自己寫作業了，但還是想要媽媽陪著寫，但是媽媽要照顧妹妹，分身乏術。也有孩子說，自己也知道先寫完作業就可以去玩了，但就是做不到啊，就是會想玩啊。孩子的心聲好真實，讓我想到，我也常常在要截稿時，跑去滑臉書或做家事。

雖然那天我們討論了很多，卻沒有討論一個核心的問題，這個問題後來兒子也問了我：「為什麼要寫作業呢？」

為什麼要寫作業？我也答不出來。我總不能說，學校規定要寫就是要寫吧！為了學會東西？但是很多時候，作業都在寫同樣的東西，一個加法要寫好幾次，連我檢查作業到最後都不免嘟囔：「這個你不是已經會了嗎？為什麼還要寫……」看完一本書，要寫一張學習單。難道不能單純把書讀完就好？讀書到底是為了愉悅、學習知識，還是為了學習單？

為什麼要寫作業？這大哉問，《代做功課股份有限公司》（天培，二〇一七）裡的小朋友也思考過。他們會思考這問題，起因正是不想寫作業。如書名所說，櫻花小學的武男、秋子、美枝、三郎等人創立了一家專門幫別人寫作業的公司，由幾個會念書的學生去查資料、完成作業，其他人負責抄就好。只要交十元，就可以玩耍，作業又能寫好，何樂而不為？因此，公司的業績蒸蒸日上。

可是，抄作業的學生沒有學會東西，乖乖寫作業的學生也覺得不公平。事情被老師發現後，公司解散。但是，他們還是覺得有成立公司很好，因為好學生以前雖然都有乖乖寫作業，卻不了解學習的意義。現在他們發現，學習很有趣，可以知道好多以前不知道的事。然而，故事沒有停在這裡，作者並不滿足於讓做壞事的孩子得到教訓，又變回好孩子。透過故事，他接下去追問：人為什麼要學習？

武男、秋子、美枝、三郎等人升上六年級後，學校來了一位新老師，姓三宮。老師用自己的姓氏，引導學生發表對二宮金次郎的意見。學生於是說了：「二宮金次郎很愛念書，扛著柴，邊走邊看書。」也有人說：「那樣會得近視吧？」老師聽完，也講了自己對二宮的看法，說他不喜歡二宮金次郎，因為二宮只會念書，想要透過念書出人頭地，卻不想改善身邊農民困苦的生活。最後，他給了孩子們一個任務：在這小學的最後一年，孩子們要多用腦筋思考：

為什麼非讀書不可？

這份別開生面的作業，一開始讓孩子們覺得：「蛤？這是什麼課題？」甚至連「代做功課股份有限公司」的成員都被難倒了。後來，孩子們慢慢發現，這是個有趣而且重要的問題。於是，他們的學習態度變得積極主動，在老師的提問、激發下，他們開始思索，未來的人會怎麼看今天的他們和櫻花小學？《花忍者》故事裡不想學習忍術、只想種花的佐平是否不用功？和別人志趣不同，是否就沒有生存的價值？逼迫每個人都要當忍者，不能選擇別種生活方式的村子，是不是太野蠻？

想著、想著，孩子們也想到了自己，懷疑只能考試念書，不能有其他選擇的世界，是否也是野蠻的？真的沒有別的選擇嗎？或只是沒想到？在此同時，他們身邊大人的世界，也被一場抗爭事件攪得天翻地覆。好好學習、將來就會出人頭地，似乎不再是鐵律……（怎麼既視感好重啊）

我看《代做功課股份有限公司》，覺得津津有味。只可惜，我向兒子推薦時，他說他不想看，還說：「叫別人幫忙寫作業好奇怪喔！」我本來想說：「但是一直寫重複的習題也很奇怪呢……」後來想想，要是他被我教得不想寫作業，那也挺頭大的，簡直是挖坑給自己跳，就讓他有一天自己對這本書有興趣再去看吧。最好的學習是「自己想學所以去學」，就像《只有一個學生的學校》（小典藏，二〇一四）裡的女孩，不會等老師來教（事實上，大人都在吵要怎麼教她，根本沒空管她），而是自己去尋找感興趣的事物來學。

確實，我發現當兒子做自己喜歡的事、學自己想學的事時，最有熱忱和效率，比如用紙箱做飛機／汽車／樹屋／電腦模型，看漫畫百科全書，做Scratch（還會自己用錄音程式配音和做英文字幕呢）……有一次，他也用同樣的熱情做學校的作業，我問他怎麼突然喜歡做作業了？他說：「因為這個作業不是強制規定的，可以選擇做或不做。」原來，孩子想要的是有選擇權啊。如果有一天，學校的作業也可以選擇，可以交給孩子自己決定（或至少部分決定），搞不好孩子會更想學習呢！

這一夜我們共讀了……

1.《我沒有做家庭作業，因為……》（*I Didn't Do My Homework Because...*），大衛・卡利／文，班傑明・蕭／圖，柯倩華／譯，小魯文化出版，二〇一四年。波蘭文譯名：*Nie odrobilem lekcji, bo...*。

這間學校裡只有一個學生，老師為了誰來教她而吵了起來。而女孩不等老師來教，自己去尋找感興趣的事物來學。看到她那麼主動，一直在吵要如何教她的大人，也開始虛心學習了。

《只有一個學生的學校》 劉旭恭／文圖，小典藏出版。

2.《代做功課股份有限公司》（宿題ひきうけ株式会社），古田足日／文，徐世賢／圖，嶺月、林宜和／譯，天培出版，二〇一七年。

3.《只有一個學生的學校》，劉旭恭／文圖，小典藏出版，二〇一四年。

第十八夜

來自土地的歌

自從搬回來定居，在臺灣各處走踏的機會，比以前住在波蘭時更多了。在臺灣旅遊不一定比出國便宜，但這些旅程對我來說，不只是旅行而已，也是希望讓自己、讓小孩認識我們生活的土地，它的風土民情和自然環境，進而欣賞、認同、愛護。

除了帶小孩實地去看、去體驗，閱讀也是一個很好的認識環境的方法（而且紙上旅行比較便宜）。還住在波蘭時，我曾用《12個插畫家的台灣風情地圖》（聯經，二〇一六）和大兒子介紹臺灣。這本書的設計很有趣，每一個畫家會畫兩幅畫，一幅是全臺的風土地圖，如水果地圖、生態地圖、動植物地圖、作物地圖，另一幅則是針對某個地方，如池上、鼓山、臺中、花東縱谷等所畫的散步景點地圖，有鳥瞰，也有局部聚焦。想要快速對臺灣的風土人情有個概念，這本書是個好選擇。

不過，每次看書看到有趣的景點或動植物，我都會想：「等我們去時，這個還在不在？」出去玩看到美景，也會想：「下次我們來，這個還在不在？」環境變遷得太快，生長和保存趕不上開發，白海豚和石虎的生存岌岌可危，螃蟹過馬路要擔心被碾死。人總是與環境爭地，這是人類的生存本能，只是人類在求生存時，也該顧及其他生物的生存權，不能需索無度，否則惡果遲早會降臨到人類身上，正如現在的全球暖化、海平面上升等問題。

和孩子介紹環境，不能不提環境面臨的危機，以及環保的重要。只要用孩子聽得懂，而且不會太說教的方式來說，他們是可以理解環保的。更何況，我自己就超怕那種說教又無聊的繪本。蘇菲．史崔蒂所著的立體書《樹懶的森林》（青林，二〇一六）是一本很棒的環保繪本，它用漸進的方式，讓孩子看到一片美麗的森林和森林裡的動物，如何在人類的過度開發下漸漸消失，只剩下慢悠悠的活在自己世界裡的樹懶。最後，樹懶也不見了。但當人類反省，種回森林，樹懶又回來了。

在《路上的樹》（ＯＱＯ，二〇一二）中，我們看到人類對自然的責任。故事的主角是個叫 Karim 的小男孩，他在市集上和媽媽走散了，跑到一座樹林後才發現，到處都看不到媽媽的身影。Karim 又渴、又餓、又害怕……這時候，路上的樹伸出援手幫助他，給他吃喝、為他指引方向、安慰他。當 Karim 問麵包樹，等他長大，它還會在這裡嗎？樹憂傷的說：「如果沒有人把我砍掉的話，就還會在……」就在這時，Karim 決定長大要當樹的捍衛者。令人感動的是，在大兒子大約四歲的時候，我每次念這個故事給他聽，他都會說：「等我長大，我要保護樹！」

不過，現實並非如以上繪本呈現的那麼美好。談海洋塑膠污染的《塑膠島》（字畝，二〇一八）、談物種滅絕的《喂！下車》（遠流，二〇一二）和談核災的《我沒有哭》（玉山社，二〇一三）都是比較沉重的繪本，尤其在《我沒有哭》

因為人類的不在意和貪婪，海洋中充滿了廢棄物，形成了一座塑膠島，讓海鳥、魚類、海龜的生活陷入痛苦。

《塑膠島》 李明愛／文圖，蘇懿禎／譯，字畝文化出版。

中，小女孩被迫離開家，看到朋友生病，和心愛的小狗分開，卻依然忍耐壓抑的說：「我沒有哭。」十分令人心疼，也讓人更能感受到核災的可怕。印象中，大兒子第一次看到這本繪本時，有些抗拒不想讀，可能也是因為害怕吧。稍微再大一點，他就可以讀了，還會拿書問我他看不懂的部分。這時候，我就能和他解釋、討論。

相較之下，講全球暖化的

《365隻企鵝》（上誼，二〇一六）就是一本還滿歡樂，或說是樂裡藏悲的書。新年第一天，快遞送了一個包裹給住在法國的一家四口，打開一看，裡面竟然是一隻企鵝！很快的，這個驚喜就變成了驚嚇，因為每天都有一隻。他們不知道是誰送的，也不能退回……所以就開始養企鵝，幫企鵝編號，想著要如何收納（？）企鵝最節省空間（這本書可以順便學數學）。

到了一年的最後一天，謎底揭曉，寄送企鵝的是他們住在南極的親戚，是個環保人士。他把企鵝寄來，是因為全球暖化造成企鵝無家可歸，只好先寄到法國，再搬到北極。雖然聽起來荒謬，但也很寫實。目前全球暖化看似沒有大幅影響到我們的生活，雖然天氣確實愈來愈熱了，如果有一天，我們也像企鵝一樣無家可歸，我們要到哪裡去呢？

要和孩子談環境，不能只給他們看負面教材，也不能只打高空。要保護動植物，要先了解動植物的特徵、習性和需求，以及人類如何能與其共存，否則環保只會落於喊口號、保護部分明星物種，比方說貓熊，或看起來很可愛的動物而已（不歸類於可愛的蛇……就被打死）。對人類來說，環保一個很重要的層面是永續利用。「利用」聽起來雖然功利，但很實際。許多人對海洋垃圾、珊瑚白化可能無感，但想到以後沒有魚可吃，或是魚身體裡面都是塑膠微粒，可能就有感了。

《爸爸是海洋魚類生態學家》（小魯，二〇一三）是一本結合海洋生物知識、海洋保護和永續利用的繪本。故事的主角是個小女孩東小魚，她的爸爸是個海洋魚類生態學家，常常帶她去魚市場看魚，吃魚的時候還會邊吃、邊解釋魚的構造。東小魚有一天福至心靈的想：「小魚被大魚追的時候，怎麼辦？書上說，魚會躲到珊瑚礁裡，那在沒有珊瑚礁的地方，小魚要躲到哪裡去呢？」於是，爸爸就帶她去海邊看人工魚礁，解釋人工魚礁上的苔蘚會吸引魚群過來，如此一來，那些被過度捕撈，而魚類資源枯竭的地方，就可以增加漁獲。另一方面，放置人工魚礁的地方無法使用拖網，這也可以防止漁民用一網打盡的方式捕魚，達到永續的目的。

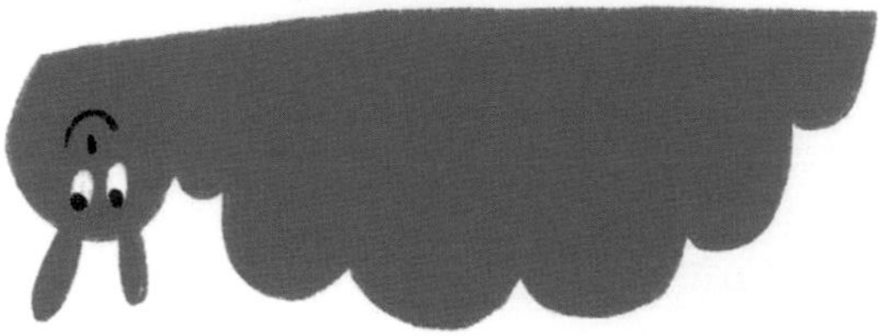

其實，人類與環境的關係，就像人與人的關係一樣，我對你好，你也會對我好。但是，就像人與人的關係經常不理想，大家常常在互相傷害，人類也時常在傷害環境。要怎麼做，才能減少傷害，讓人與環境和平共處呢？我想，還是要靠每個人從自己身上做起吧。要讓每個人有動力去做，得先讓他們對環境有感覺、有連結。

我在逛書店時，偶然買了關於麥子的《好麥給你好麵包》（玉山社，二〇一七）。問孩子要不要和我一起看？他一開始興趣缺缺，但當我告訴他，臺灣也有種麥子

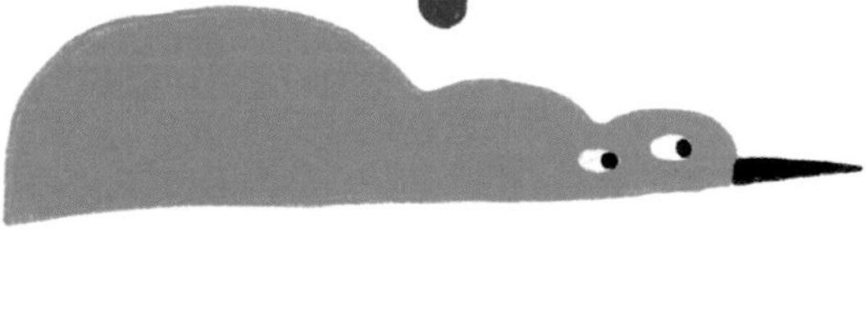

塑膠島
樹懶的森林
我沒有哭
爸爸是
海洋魚類生態學家
12個插畫家的
台灣風情地圖
喂！下車
好麥給你
好麵包

喔！麥子也可以在自己家的陽臺上種呢！這本書還有做麵包的食譜呢！他就感興趣的湊過來看了。住過波蘭，主食離不開麵包，也喜歡麵包的我們，也因為臺灣有做麵包的原料，而覺得和這片土地有更深的羈絆。

土地是會唱歌的，但要用心聽，用心調頻道，才能聽見它的歌聲。

這一夜我們共讀了……

1. 《十二個插畫家的台灣風情地圖》，吳宜庭等／文圖，聯經出版，二〇一六年。
2. 《樹懶的森林》（*Dans la forêt du paresseux*），蘇菲．史崔蒂／文圖，王日清／譯，青林國際出版，二〇一六年。
3. 《路上的樹》（*Arboles en el camino*），Régine Raymond-García／文，Vanina Starkoff／圖，OQO出版，二〇一二年。
4. 《塑膠島》（플라스틱섬），李明愛／文圖，蘇懿禎／譯，字畝文化出版，二〇一八年。
5. 《喂！下車》（二版）（*Oi! Get Off Our Train*），約翰．伯寧罕／文圖，林真美／譯，遠流出版，二〇一二年。

6.《我沒有哭》，陶樂蒂／文圖，玉山社出版，二〇一三年。

7.《365隻企鵝》（*365 Pingouins*），尚路克．佛羅門塔／文，喬艾勒．喬莉芙／圖，黃筱茵／譯，上誼出版，二〇一六年。

8.《爸爸是海洋魚類生態學家》，張東君／文，陳維霖／圖，小魯文化出版，二〇一三年。

9.《好麥給你好麵包》，楊馥如／文圖，玉山社出版，二〇一七年。

第十九夜

歷史重要嗎？

有次和孩子聊天時，聊起臺灣的歷史。我說，了解自己的歷史很重要，我們應該要多讀一些歷史，才會更了解當下的生活，也才會知道將來要往哪裡去。

「可是，我覺得歷史和我沒有關係。」小孩說。

「可是，歷史和每個人都有關啊。」我說。

「可是，我真的覺得和我沒有關係。」他重申。

瞬間我有一種「來了」的感覺，像是聽說了很久的外星人，突然站在我面前，令我不知所措。我試著搬出一堆理論告訴他，臺灣有很多傷痛的歷史，歷史不能遺忘，要記得歷史教訓，才不會重蹈覆轍，如白色恐怖和二二八。言論自由日剛過，我們能有言論自由，也是前人辛苦爭取來的。若覺得歷史跟自己無關，那些世界史、發明史的漫畫等，是不是也可以不要再讀了呢……

但是我想，他只有八歲，所以沒把這些話說完。我也想起，我小時候最討厭說教的大人了。他們總告訴我們，要記取歷史教訓，才不會重蹈覆徹……但是看看現在的國內外政治，人類就是不斷在重蹈覆轍，而且樂此不疲。我小時候的大人對孩子說了那麼多教，我和我的同代人，好像也沒有比較關心歷史。

我自己是在三一八學運後，才對臺灣歷史感興趣的。即使如此，也還有好多事不知道、不了解。有一次去二二八公園玩，孩子說：「二二八好像也沒有很大。」我以為他說的是公園的腹地大小，但他指的是二二八事件。我說怎麼不大，你知道，什麼是二二八嗎？他說有啊，他有讀《臺灣尋寶記》（三采，二〇一四）。但是，這本韓國漫畫對二二八事件輕輕帶過，主要在解釋，為何書中某個角色會失蹤，沒有講得很深入。當我想和他談二二八事件，卻發現我連二二八事件時，死了幾百人還是幾萬人，都不是很確定，都需要上網查資料。

「可是，我覺得歷史和我沒有關係。」這是個認真嚴肅的問題，應該要認真嚴肅的對待，不能只搖頭嘆息：「現在的年輕人啊……」而是要想：「為什麼孩子（或任何人）會認為歷史和自己沒關係？是因為沒感覺、缺乏媒介，還是介紹歷史的方式，讓他們覺得太枯燥？」

老大喜歡看書，對各種事物都很感興趣。尋寶記系列他看了一本又一本，《漫畫大英百科》（三采，二〇一八）也是看到廢寢忘食。給兒童的歷史故事要好看才有人看，不能因為「是歷史所以要知道」，因為你騙不過孩子的。都講一些悲慘的故事，孩子好像也不會對歷史有興趣，反而會有反效果。但是，也沒辦法把悲慘的事變歡樂啊？畢竟，二二八事件和白色恐怖就是臺灣歷史很悲慘、很恐怖的一頁。

或許就是因為那麼悲慘、恐怖、難以訴說，許多講威權歷史的童書，都會用隱晦的手法呈現。比如《愛唱歌的小熊》（玉山社，二〇一七）就透過一隻喜歡唱歌、卻被禁止唱歌的小熊，告訴孩子走過白色恐怖時代的前輩的真實故事，以及臺灣民主的歷程。或者像《阿嬤的碗公》（玉山社，二〇一六），則透過一支破掉的、沒有人會再用它來吃飯的碗，旁敲側擊的點出白色恐怖受害者的受難。

雖然自己滿喜歡這些繪本，但是，要讓小孩理解這些故事，必須補足許多關於臺灣的背景知識，而且也無法確保解釋後，他就會有興趣、有感覺，而我又不想強迫他。目前觀察，孩子對這兩本書的反應並不是很熱烈，與臺灣傷痛歷史相關的繪本，他最喜歡、最有感覺的是《不要再叫我秀子了！》（玉山社，二〇一二）。他很同情因為戰敗就必須離開臺灣、離開好朋友和心愛寵物的小進，也很同情因為臺灣和日本變成敵國，就不能再和小進做好朋友的秀子。雖然他沒有經歷過這一段歷史，但他能同理兩個小朋友的心情，也進而對「灣生」（日治時期在臺灣出生的日本人）的歷史產生了興趣。

孩子對《不要再叫我秀子了！》的共鳴，大概就像我老公對宋欣穎的動畫《幸福路上》的共鳴吧。雖然他是波蘭人，雖然他年紀比《幸福路上》的主

阿嬤的碗公
tekst: Michał Rusinek
ROK
長著眼睛的火車站
買年貨
JESTEM MIASTO. WARSZAWA
愛唱歌的小鯨

角大很多，但是他說，他小時候也搬過家，於是很能進入劇中人來到一個新環境、必須面對各種挑戰的情境。不只是搬家，女孩的媽媽和外婆，還有各種日常生活（包括被政治影響的日常）的細節，他都可以在自己身上找到對應的點。他說：「這是一個平凡普通的故事，但正因為平凡普通，我覺得它很貼近我的生活。」

每次和臺灣朋友說我老公喜歡《幸福路上》，喜歡到認為「這部電影說出了他的故事」，大家都一臉驚訝。我一方面也很驚訝，一方面也不意外。畢竟，我不也在波蘭作家布魯諾．舒茲的小說中找到共鳴，深受感動，甚至因此跑到波蘭學習波蘭文嗎？

雖然表面上看不出來，但平凡普通的日常是偉大的。戰爭和災難中斷、毀滅的，就是平凡普通的日常：日升日落，柴米油鹽。看似高尚、遙遠的價值如民主、人權也是平凡普通的日常，但因為太過平凡普通，而沒有人感覺得到它的存在。臺灣人曾經長期失去這種日常，久到會認為：被壓迫、不自由、只求溫飽的生活才是日常，而不被壓迫、自由、可以實現自我的生活，是脫離現實的反常。

也許就是為了提醒人們平凡日常得來不易，波蘭總統府在二〇一四年出版的《一九八九，一個關於鐵幕、巧克力和自由的故事》的作者米豪・魯辛涅克（Michał Rusinek）和繪者尤安娜・魯辛涅克（Joanna Rusinek），才會透過各種日常生活小細節的對照，讓孩子了解共產時代和民主時代的不同。在序言中，作者從自身經驗出發，用幽默口吻告訴讀者：「我小時候看ＥＴ這部電影時，覺得它很驚人。亮點倒不是ＥＴ本人，而是裡面的人物竟然可以叫披薩外送！這在共產時代根本是不可能的啊！」透過描繪日常生活細節如電視、商店、巧克力、服裝、書籍、糧票、衛生紙……作者與繪者深入淺出的解釋了威權體制，如何無孔不入的影響人們的生活，讓讀者知道：活在不自由的國度，不只是沒有選擇電視節目和持有護照的自由，甚至連擦屁股的衛生紙都可能短缺。

和孩子講歷史也不一定要正經八百，或幽默風趣的說教，而是可以讓孩子自己去看、去發現。我很喜歡的《我是華沙城》（Czuły Barbarzyńca，二〇一二），就是一本以圖像為主的繪本，每翻開一頁，都可以看到不同時代，包括上古、中世紀、貴族統治、戰爭時期、戒嚴、現代的華沙，畫面中充滿不同的自然風景、不同風格的建築，和做著不同事情的人們，比如上古時代有人在打獵捕魚，戒嚴時期街上有軍隊坦克，有特務在抓人。孩子可以自己去發現他們感興趣的細節，自己探索。

其實，不只華沙，許多城市也有類似的繪本。也許，臺北、高雄、臺南都可以有這樣一本，更貼近每個人日常生活的自然、文化的歷史書。孩子應該了解的歷史，不只是冷硬的國家、政治、社會、經濟的歷史，也包括這些比較私人、軟性，同時也很重要的歷史。說不定，這樣的軟性歷史，比大歷史更能打動人心。

兒子很喜歡的臺灣文史繪本，都是這種沒那麼硬的歷史，其中一本是《走，去迪化街買年貨》（青林，二〇一二）。這本書透過男孩阿瑞跟著爺爺到迪

化街辦年貨，讓讀者看見霞海城隍廟、永樂布市、中藥行、南北貨行、打鐵街，並且讓他們認識乾貨、竹製品、鐵器的名稱。另一本《越過山崗：阿里山森林鐵路的故事》（嘉義縣政府，二〇一四）則藉由火車司機阿清伯從阿里山小火車起點到終點的沿途回憶，把阿里山森林鐵道的前世今生交代了一遍。還有關於海線五兄弟，也就是從竹南到彰化海岸線上的五座木製鐵路車站的《長著眼睛的火車站》（玉山社，二〇〇六）也很有趣，每次看這本書，孩子都會說：「找一天，我們坐火車去看看這些車站的眼睛（牛眼窗）吧。」

雖然看完這些書，並不會對臺灣歷史有一個線性、宏觀的概念，但是許多這樣的小風景拼湊起來，就可以湊成一幅宏觀的圖畫。而且，這些小歷史很能讓孩子對生活的這塊土地產生認同感，有了認同，才會想要了解歷史。

某天坐捷運，孩子看到捷運站牆上有大安森林公園老照片，覺得很有趣。我於是機會教育：「你看這也是歷史，歷史很重要。」孩子反駁：「那又不是歷史。」這提醒了我：要改掉隨口說教的習慣，不要「為歷史而歷史」。就讓「媽媽告訴你這很重要，所以要知道」這句話，走入歷史吧。

後記：文章寫完一年左右，孩子就開始對臺灣的歷史感興趣了，還主動跑來問我問題。所以，真的不是孩子不感興趣，而是時候未到啊！

這一夜我們共讀了……

1.《臺灣尋寶記》（대만에서 보물찾기），Sweet Factory／文，姜境孝／圖，徐月珠／譯，三采文化出版，二〇一四年。

2.《漫畫大英百科》（套書，一～五十冊）（브리태니커 만화백과 50권 세트），BomBom Story／文，李正泰等人／圖，徐月珠等人／譯，三采文化出版，二〇一八年。

3.《愛唱歌的小熊》，吳易蓁／文，廖珮慈／圖，玉山社出版，二〇一七年。

4.《阿嬤的碗公》，吳在瑛／文，黃祈嘉／圖，王昭華／譯（臺語文），玉山社出版，二〇一六年。

5.《不要再叫我秀子了！》，於保誠／文圖，玉山社出版，二〇一二年。

6.《一九八九，一個關於鐵幕、巧克力和自由的故事》（*Rok 1989. Mała książka o pewnej kurtynie, czekoladzie i wolności*），Michał Rusinek／文，Joanna Rusinek／圖，Kancelaria Prezydenta Rzeczypospolitej Polskiej 出版，二〇一四年。

7.《我是華沙城》（*Jestem Miasto. Warszawa*），Aleksandra Szkoda／文，Marianna Oklejak 圖，Czuły Barbarzyńca 出版，二〇一二年。

8.《走，去迪化街買年貨》，朱秀芳／文，陳麗雅／圖，青林國際出版，二〇一二年。

9.《越過山崗：阿里山森林鐵路的故事》，吳芳銘／編，陳維霖／圖，嘉義縣政府出版，二〇一四年。

10.《長著眼睛的火車站》，謝秋霞／文，李欽賢／圖，玉山社出版，二〇〇六年。

第二十夜

你喜歡畫畫嗎？

大兒子想參加學校的一個畫畫比賽，但後來又反悔了。我問他為什麼決定不參加？他告訴我，反正不會得名，就算了。

這讓我很驚訝，他小時候明明是這麼愛畫畫的孩子，但是某一天開始，就不再那麼喜歡畫畫了。很多人應該都有類似的經驗吧，就連我也是。雖然出了圖文集，也常在簽名時畫畫，但我還是覺得自己不會畫畫。發生了什麼事呢？小時候，我們拿起筆就可以畫滿整張紙，即使只是一堆線條。小時候，許多人會說這個好漂亮，那個好漂亮，好喜歡聽故事，長大卻說自己不懂文學藝術。可是，我們小時候就浸淫在這些東西裡面啊。

是怎麼了呢？是長大會在意世人的眼光了？還是因為學校許多心得、許多老師的要求，壓抑了我們的想像力？學校要求寫作文時，一定要寫幾個字，文章要分四段，每段要有五十到八十個字，每段要寫到什麼內容，最好還能運用成語和比喻。畫畫時不可以留白，不可以有火柴人，不可以把臉塗黑，不可以隨便畫。可是，大人眼中「隨便」的線條，在孩子眼中，搞不好是自由的線條。有一個朋友曾經告訴我她的疑惑，不明白為什麼小時候美術課，老師規定要互相畫同學的臉，而且，鼻孔、牙齒還要畫得很清楚，那樣的畫法真的好醜。我回想起那些畫，也認同她，真的好醜啊。因為種種課堂上的規定，然後我們就離藝術和文學愈來愈遠了，再多的美感教育都沒用。

我希望孩子依然是可以親近藝術的，但我也不喜歡用說教的方式讓他喜歡藝術。我沒有特別買藝術欣賞類型的書，但家裡有一些關於藝術的書，用很輕鬆的方式讓孩子接近藝術。

《掉進畫裡的女孩》（小天下，二〇〇五）就是一本很有趣、講藝術流派的書，而且敘事方式平易近人。小女孩安娜和哈洛叔叔一起到美術館上班，叔叔

掉進畫裡的女孩
人面獅身像是怎麼到博物館？
你不能帶氣球進大都會博物館
陳志勇
夏天的規則

是導覽員，負責替參觀的人解說，安娜在旁邊聽著聽著，突然想上廁所，然後她不知怎麼的穿上一件紅色的衣服，就跑到畫裡去找廁所了！她走過孟克、梵谷、畢卡索、達利、夏卡爾、波洛克的畫，和畫家們聊他們的畫，還和他們一起畫畫，最後她找到了廁所，卻失望的發現那是杜象的小便斗……

《掉進畫裡的女孩》有一點說教，有一點「我現在要和你介紹名畫，所以安排一個愛麗絲去夢遊仙境」的味道。相較之下，無字書《你不能帶氣球進大都會博物館》（臺灣麥克，二〇〇一）雖然也是要介紹藝術品，但方式更活潑。一個奶奶帶她的孫女去參觀大都會博物館，因為博物館內不能帶氣球進入，所以管理員請她們把氣球綁在門口的扶手上。但是，綁氣球的繩子突然鬆了！氣球飛入城市，慌張的管理員跑去追氣球，追過馬路、動物園、溜冰場、咖啡廳、劇院……一路上遇到許多人，大家和他一起追氣球，他們在路上做出各種滑稽的動作——奔跑、跌倒、摔成一堆。他們的動作卻巧妙的和博物館內的名畫、雕塑，互相呼應，讀者可以用輕鬆有趣的方式了解藝術品。如果對這些作品有興趣，書的最後一頁也有選用作品的圖錄，可供讀者查詢。

博物館或美術館內的藝術品固然是主角，但是運送、保存、維修、標示藝術品或文物，也是一門大學問。潔西．哈特蘭的《人面獅身像是怎麼到博物館？》（小典藏，二〇一三）就透過人面獅身像從埃及來到大都會博物館的過程，向讀者介紹考古學家、古文物部、藝術品搬運公司、研究人員、保存人員、裝配工等人的工作。在每一頁，作者都會重複一遍，這個人面獅身像是怎麼來的，還有它經過哪些人之手。作者的意思可能是要幫助小讀者記憶這些事，但我只記得一長串文字讓我念到最後覺得好累，我兒子則是看我念得很累而哈哈大笑！

有時候，藝術不用特別教，潛移默化就好，重點是要給孩子看有美感、有文學性的繪本。文學性不一定代表要有一堆字，有時候，字少反而無聲勝有聲，像是陳志勇的《夏天的規則》（格林，二〇一四）。這本是朋友送給我們的書，她覺得這本書很有詩意。我一開始拿給兒子看時，他可能因為年紀太小，看了會怕，不喜歡這本書，因為書裏頭有些圖確實有點可怕。但是又過一陣子，他就喜歡這本書了。他也說不上來為什麼，只說這本書很有想像力。

另一本我覺得藝術美感度很高的書，是傑里米．霍姆斯（Jeremy Holmes）的《從前有個老太太》（Chronicle Books，二〇〇九）。這

透過人面獅身像從埃及來到大都會博物館的過程，讀者可以深入了解考古學家、古文物部、藝術品搬運公司、研究人員、保存人員、裝配工等人的工作。
《人面獅身像是怎麼到博物館？》 潔西．哈特蘭／文圖，張東君／譯，小典藏出版。

本書的內容來自一首詩，在講一個老太太吞下蒼蠅，然後又陸續吞了一堆動物，包括蜘蛛、鳥、貓、狗、羊……去一物剋一物的故事。這本書的特殊裝禎有個機關，翻到最後，老太太的眼睛會閉上，一命嗚呼。雖然故事充滿黑色幽默，畫風也不是走傳統討喜可愛的風格，有點提姆．波頓（Tim Burton）加奎氏兄弟（Brothers Quay）的詭譎味道，但是兒子超愛，每次看到老太太死翹翹就會很開心。

說到機關，兒子很喜歡用紙箱做玩具，比如航空母艦和電腦。他的電腦也有機關，有鍵盤、主機、螢幕，按開機按鍵還會發光，因為他在主機裡面裝了一個腳踏車閃燈，放上透明塑膠片，從外面就可以看得到。我覺得這就是最棒的藝術，因為他在實踐，不只是觀看、欣賞而已。

藝術的本質是創造，這是我們小時候最原

始的衝動，只是長大逐漸忘卻、退縮。因此，在安全和經濟能力許可的範圍內，我們盡量讓孩子們做想做的事，喜歡摺紙就去摺，喜歡用紙箱做玩具就做，喜歡樂高也可以拼樂高，做得漂亮，我們會大聲鼓勵說：「好棒喔！」

藝術是一種生活方式的實踐。不只是繪畫、雕刻、裝置、音樂、表演才是藝術，烹飪、手工、園藝、自己做東西也可以是藝術，只要做得開心就好。很多人都忘了，藝術不應該是被擺在廟堂供奉、高高在上的東西，而是讓人在生活中感到愉悅。

這一夜我們共讀了……

1. 《掉進畫裡的女孩》（*Raudt, Blatt Og Litt Gul*），畢永・索蘭／文，拉爾斯・艾林／圖，陳雅茜／譯，小天下出版，二〇〇五年。
2. 《你不能帶氣球進大都會博物館》（*You Can't Take A Balloon Into the Metropolitan Museum*），賈桂琳・葳茲曼／故事創意，羅蘋・葛拉瑟／圖，臺灣麥克出版，二〇〇一年。

3.《人面獅身像是怎麼到博物館？》（*How The Sphinx Got To the Museum*），潔西・哈特蘭／文圖，張東君／譯，小典藏出版，二〇一三年。

4.《夏天的規則》（*Rules of Summer*），陳志勇／文圖，王欣榆／譯，格林文化出版，二〇一四年。

5.《從前有個老太太》（*There Was an Old Lady*），Jeremy Holmes／文圖，Chronicle Books 出版，二〇〇九年。

第二十一夜

兒童權利是可以去想吃冰的地方吃冰

大兒子喜歡的冰品店貼了一個告示，說娃娃車和六歲以下的孩童不能進入。以前還沒禁止告示時，我常推娃娃車帶兩個孩子去，在那裡，我很努力的讓孩子保持安靜，比如讓他們看手機，但對文青來說，或許還是太不安靜了吧。雖然聽說，文青這種病，生個孩子就會好，但我覺得這個「好」比較像是被逼的。

在臺灣，歧視小孩的事情，稀鬆平常。六歲以下不能進入，甚至連十二歲以下不能進入的店家，到處都有。而且，這些歧視多半不會被當成歧視，還會有人說，這樣做的店家好棒棒，是在維護其他顧客的權益。他們都說，因為孩子會吵，或是空間太小，家長太恐龍。我知道，世上有很吵的孩子，以及不負責任、任憑孩子大吵大鬧也不動如山的家長。但是，大人就真的比較安靜，比較有教養嗎？

我在高鐵、臺鐵、捷運、咖啡廳、餐廳等公共場所，都看過吵鬧又沒家教的大人和小孩。可是，最常被檢討的還是小孩。為什麼大家不去檢討講電話很大聲的中年人？還有大聲看手機影片的年輕人？孩子到處奔跑很危險，但邊過馬路、邊滑手機的大人更危險啊！大家看到吵鬧頑劣的孩子會想翻白眼，但我看到把車子停在人行道上、騎機車穿越斑馬線和人行道的駕駛，也會白眼翻到天邊。究竟是孩子真的比較惹人厭，還是孩子比較好欺負呢？

很少有人會想到，孩子活在大人的世界，其實是很辛苦的。來自波蘭的兒童人權先驅雅努什・柯札克在《孩子有受尊重的權利》（網路與書，二〇一九）中說：「當小孩真難受。總是要踮著腳，但還是拿不到高處的東西。要踩著小碎步跟上大人，玻璃杯會從小小的手中滑落。得笨手笨腳、費盡力氣爬上椅子、車子、樓梯，碰不到門把，沒辦法從窗戶往外看，不能把東西拿下來或掛上去，因為太高了。在人群中總是被擋住，人們也不會注意到他們，會撞上他們。」

是啊，當小孩真不方便，真難受。什麼都拿不到、碰不到、想做什麼就被說「不可以、你不行、我來就好」。大人決定小孩要吃什麼、吃多少、穿什麼、看什麼和讀什麼（學校有閱讀單、學習單，幼兒園要畫心得，小學要寫心得，就算沒有感想也要掰一個）、畫什麼（不可以塗黑、不可以留白，不可以亂畫交差，否則老師沒辦法打分數）、有什麼感覺（參觀日式老房子只能說好有趣，不能說好無聊）、去哪玩、壓歲錢要怎麼用、可不可以下課、有沒有禮物……

當孩子真的很可憐，一點權力、財產都沒有，權利也一天到晚被侵犯。有些人認為，兒童權益很遙遠，許多關於兒童權益的書，也都和天災、童婚、性侵、戰爭、難民、兒童權利公約等「偉大議題」有關。確實，《我是小孩，我有權利……》（字畝，二〇一七）、《旅程》（字畝，二〇一八）、《找媽媽》（格林，二〇一八）這些繪本都很重要，生存權也是兒童最基本的權利。但是，兒童權利一定要這麼「偉大」嗎?可不可以更貼近每個兒童的生活?

最基本、最容易理解的權利是什麼?我認為,是選擇的自由。選擇自己想要什麼樣的生活,選擇什麼時候歡笑、跑跳。然而,許多孩子無法為自己選擇,就像《大箱子》(青林,二〇一八)裡的帕蒂、米奇和里莎。大人們告訴這些孩子,他們都是好孩子,但是「還沒辦法掌握自由」。所以,為了他們好,要把他們關在一個大箱子裡。箱子裡美美的、寬寬的、有各種高級的玩具和設備,父母每星期三會來看他們,但是他們不能出去,因為箱子的門只能從外面開。

看似荒謬,但是在現實生活中,我們不是也常常這樣對待孩子嗎?就連我,也會因為想要保護小兒子,怕他亂碰火爐,而把廚房用圍欄圍起來。這個做法確保了小兒子的安全,但同時,他也沒辦法自己把碗盤放到水槽裡,把垃圾拿去垃圾桶丟。雖然他那時候不到三歲,但他很想自己來啊。

事實是,我們太不信任孩子,又太信任自己。有時候,我們會做出信任孩子的樣子，讓孩子自己選擇，但又在最後一刻說：「還是聽我的吧，我選的比較好。」日本的十歲哲學家中島芭望就在他的《我看見，我知道，我思考》（三采，二〇一七）中提出質疑：「『你想做什麼就做什麼。』那不能打電動到底是怎樣？『你可以自己選。』那不能打電動是為什麼？」

如果使用自由需要資格，我們夠格嗎？我們不是也會犯錯和濫用自由？我們侵害了孩子的權利，自以為是他們好，都忘了自己小時

我有權利
永遠不要經歷
槍林彈雨，
還有戰爭，
我害怕
點燃的飛彈
和轟隆隆的炸彈。

小孩比大人小，但是小孩的權利不比大人少。然而，世界上的大人常常忽略小孩的權利，自以為是、自作主張，完全忘了他們所做的決定可能會傷害、侵犯小孩的權利。

《我是小孩，我有權利……》 阿朗．賽赫／文，奧黑莉婭．馮媞／圖，陳怡潔／譯，字畝文化出版。

候多討厭這些強加在我們身上的規定，這些「沒辦法呀，世界就是這樣，你就是要適應」的說法，為什麼沒有讓長大後的我們變成更好的人，反而讓我們變成壞掉的大人了？

我想，一方面是我們遺忘了，另一方面是我們失望了。我們失望，不管怎麼說、怎麼做，大人都不會聽、不會在乎，所以我們放棄了內心對自由的渴望，放棄了我們自己的想法、情感、自我，以及對世界的好奇。如果要成為一個遵

《旅程》的圖很美，訴說的議題卻很沉重，就像一朵帶刺的玫瑰。為了追求更好的生活，媽媽帶著孩子跨越危險的邊界，在孩子面前，媽媽必須勇敢，只有當孩子進入夢鄉後才能哭泣。

《旅程》 蘭切絲卡．桑娜／文圖，黃筱茵／譯，字畝文化出版。

守規定、世故的大人才能過得好，才能被平等對待，那就讓我們成為大人吧。我們變身得如此徹底，於是當我們看到如野草般恣意生長的孩子，反而會覺得他們需要被修剪和馴化，而不是去理解他們，雖然，他們明明和我們小時候一樣。

柯札克的《當我再次是個孩子》提供了大人讀者，一個重新理解童年、理解孩子的機會。故事的主角是一個重新變回孩子的大人，他像所有的孩子一樣去上課、在走廊奔跑、在院子打雪仗、搶妹妹的玩具、在街上津津有味的看馬車和追電車、在課堂上做白日夢……他開心的說，當個孩子真好。但是，也像所有的孩子一樣，他會因為跑著跑著撞到人被罵，因為別人丟雪球砸破窗戶被罵（連坐法）、被媽媽罵「不是叫你照顧妹妹，你為什麼欺負她」，因為在街上玩被路人罵「真是沒有家教」，被老師罵「上課不專心」。他發現，做為一個孩子，他是眾矢之的，全民可罵，即使是大人在電車中撞上了他，被罵的還是他，因為他不小心、沒有讓開、沒有禮讓、尊重大人……更糟的是，他想起，當他還是個老師的時候，他也是這麼粗魯的對待孩子，會把學生的作業亂扔，而不是好好放，會因為心情不好而對孩子特別嚴厲，會叫孩子們不要和犯錯的孩子玩，也不要安慰他，因為他活該。

看來，同理孩子、善待孩子是一件很困難的事。雖然我在講臺上講兒童權利講得口沫橫飛，但到了充滿柴米油鹽和工作壓力的現實生活中，面對真實的、會大吼大叫、跑來跑去的孩子，也不一定能保持溫柔同理。和小孩朝夕相處快十年，我覺得，同理、尊重孩子真的需要學習，而且要建立在理解和換位思考之上。

很多時候，大人無法同理孩子，是因為不了解孩子、無法換位思考。有一次，我帶孩子去咖啡廳寫作業，他少帶了幾本作業簿，就心情不好，不想寫。我看到他不想寫作業，就認定他懶惰、頑劣（怎麼又來了）。直到半個小時後，我才發現，他是因為沒帶東西有挫折感，於是卡住了。後來把作業拿回來給他，他就願意試試看了。雖然後來看到作業很難又卡住了，只好第二天再試。

當戰爭不只帶走了家人，
也帶走了安全感與希望……
旅程
大箱子
大人都忘了…
那些簡單卻重要的小事
「我看見
我知道
我思考」
中島芭旺
我是小孩，
我有權利……
J'ai Le Droit D'être Un Enfant
Alain Serres
Aurélia Fronty
當我再次是個孩子
PRAWO DZIECKA DO SZACUNKU & KIEDY ZNÓW BĘDĘ MAŁY
波蘭兒童人權之父選集
Janusz Korczak

靜下心想想，大人也常這樣，因為一件小事不順，於是一整天都卡住，不是嗎？

同理、尊重、了解孩子沒有「X步驟到位」、「做了這五件事你就可以」的速成法，而是要經歷過許多失敗、衝突、爭吵、悔恨，才能認識到：孩子和大人不同但平等，大人應該好好對待他們。再說，用威權手段壓迫孩子，也許暫時有效，但長遠來說，不是個好方法，因為總有一天孩子會反抗。與其讓親子關係陷入對立，不如傾聽孩子的想法和意見，讓他們有權利和大人一起決定一些事，即使只是很簡單的「晚餐要吃什麼」、「假日要去哪裡玩」、「生日禮物想要什麼」，而這些看似簡單的事，其實也不簡單。

兒童權利不只要靠父母、老師的努力和溫柔對待，也要整個社會，以全村之力一起努力。兒童權利可以從小地方做起，比如讓孩子去他們想吃冰的地方吃冰。

這一夜我們共讀了……

1. 《我是小孩，我有權利……》（*J'ai Le Droit D'être Un Enfant*），阿朗．賽赫／文，奧黑莉婭．馮媞／圖，陳怡潔／譯，字畝文化出版，二〇一七年。
2. 《旅程》（*The Journey*），蘭切絲卡．桑娜／文圖，黃筱茵／譯，字畝文化出版，二〇一八年。
3. 《找媽媽》（*Akim court*），克羅德杜柏／文圖，賴羽青／譯，格林文化出版，二〇一八年。
4. 《大箱子》（*The Big Box*），湯妮．莫里森、史萊德．莫里森／文，吉賽兒．波特／圖，楊茂秀／譯，青林國際出版，二〇一八年。
5. 《我看見，我知道，我思考》（見てる、知ってる、考えてる），中島芭望／文，丁世佳／譯，三采文化出版，二〇一七年。

6.《當我再次是個孩子：波蘭兒童人權之父選集》（*Prawo dziecka do szacunku & Kiedy znów będę mały*），雅努什．柯札克／文，林蔚昀／譯，網路與書出版，二〇一九年。

4. 孩子喜歡的圖書

柯札克有一段話我一直放在心上，他說：「最重要、最理所當然的兒童人權是：可以說出自己的想法，以及主動參與大人關於他的考量及決定。當我們成熟到可以信任、尊重孩子，當孩子也信任我們，說出自己的權利——教育中的問題和錯誤就會比較少。」

可是，孩子常常沒有表達自己意見的權利，囝仔人有耳無嘴，表達意見就被覺得意見太多。大人決定孩子什麼時候上床睡覺、穿什麼、吃什麼……甚至連他們要讀什麼書、怎麼讀，都是由大人決定。兒童文學獎是大人選出來的，很多關於繪本的書，也是代表大人的品味。我們都喜歡教育孩子，覺得繪本要寓教於樂。但是，這些真的是孩子們喜歡的東西嗎？單純快樂的繪本，就不好嗎？

在第二十二夜到第二十四夜，我讓孩子去選他們喜歡的繪本。雖然之前提到的許多繪本，我和孩子都喜歡，但我還是想讓他們有一個為自己發聲的機會。有些書是我沒看過，或我不喜歡，但他們喜歡的。喜歡某本書，不必有什麼理由，孩子的理由就是：「很好看。」不過，為了讓大人容易理解，我還是提出一些我的觀察。

第二十二夜

孩子們自選的圖書（幼兒）

幾歲開始讀？

大人好像很喜歡問這個問題。有人會說，三歲以後，有人覺得，兩歲就可以，不然孩子的大腦會錯過黃金發展期。所以，老大大約兩歲開始，我就開始給他讀繪本，買了一堆書給他。結果，他不是在啃書，就是在撕書。我覺得好挫敗，是不是我不會教？為什麼我念書給他聽，他都沒有興趣呢？為什麼只要我一念書，他都會跑開、一副沒在聽的樣子？

但是很奇妙，有一天，他對我說：「ㄏㄨ。」他還用手指著書櫃。我問他：「要看書嗎？」他又說了：「ㄏㄨ。」然後，他就開始看書了，我也不記得當時他是幾歲。

一開始，當然就是念幼兒繪本《小寶寶翻翻書》（上誼，一九九四）。這本一套四冊，有《上床囉》、《好朋友》、《衣服》和《小寶寶》。我家老大老二都很喜歡這套翻翻書，我想這就像那個「看不見、看不見、看見了」的遊戲一樣，看到有東西翻起來，原本不存在的東西出現，是很歡樂的一件事啊。而且雖然翻過很多次，看到東西沒有不見，仍然還在，也很令人安心。唯一的困擾是，孩子懂得看時，書的很多部分都被撕壞了，即使翻找的過程對他們來說已經沒什麼驚喜，但孩子還是很喜歡。另外一些驚奇書、洞洞書或硬頁推拉書（翻了之後或手指動一動，畫面就會改變），孩子也很喜歡，比如《親愛的動物園》（上誼，二〇〇一）、《小寶寶驚奇拉長書：小鱷魚》（上人，二〇〇八）、《TA-DA!!》（Tatarak，二〇一八）、《好餓的毛毛蟲》（上誼，一九九七）、Campbell Books 出的 Busy 書系（例如《Busy Airport》、《Busy Builders》等等）、《黃色大計程車》（David Bennett Books，一九九五）等。

能引起共鳴的繪本

從翻翻書、洞洞書、拉拉書，到可以聽懂故事，要經過一段時間。據我觀察，孩子要年紀大一點才有辦法理解有劇情的故事，從他們喜歡看哪一種類型的YouTube影片，就可以很明顯觀察到這個現象。小的時候，孩子看到有劇情的影片就要轉臺，因為他們看不懂，只能看車子衝進一堆顏料裡面，車子會變色這種類型的影片，雖然我真心不懂哪

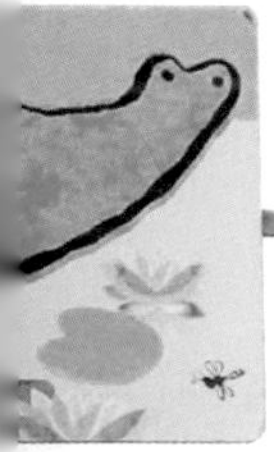

孩子很喜歡這種特殊設計的翻拉書，在頁面變動後，總能帶來驚奇和歡樂。

《小寶寶驚奇拉長書：小鱷魚》 Emma Dodd／文圖，賴美伶／譯，上人文化出版。

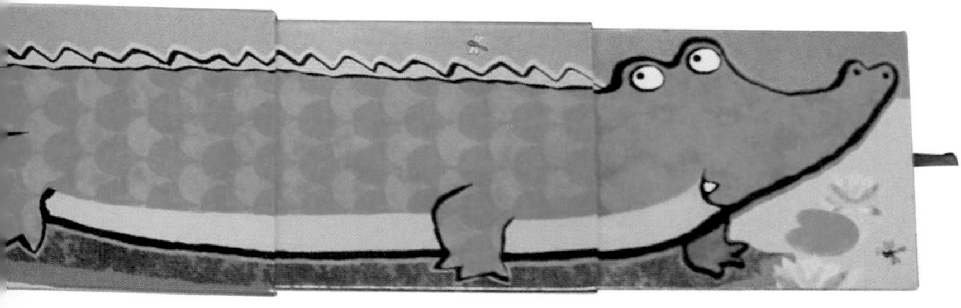

裡好看，但小小孩超愛。後來，他們開始能靜下心看有劇情的影片，比方說：《瑪莎與熊》、《湯瑪士小火車》和《我是優優》。老大可以看故事後，去看《米米玩收拾》和《米米坐馬桶》（和英，二〇一六）這兩本書，他超喜歡。有一段時間，這兩本書他百聽不膩，念到我都煩了。我不知道孩子為什麼這麼喜歡？可能因為他也在學收玩具和坐馬桶吧？或者單純覺得米米很可愛。當時米米真是紅遍全臺育兒圈。

可以代入自己生活情境、覺得「這個人就像我」好像真的很重要。小小孩的生活很單純，就是起床，睡覺，吃喝拉撒，玩。老大小時候也很喜歡珍奧莫羅德的《早安》和《晚安》（英文漢聲，二〇一四）。這兩本書很奇妙，沒有字，就是在講一個小女孩晚上吃完晚飯、洗澡，上床睡覺。因為睡不著去找爸爸、媽媽，折騰半天才睡著。然後早上起來吃早餐，自己穿好衣服和媽媽出門。十分簡單的生活描述，但是孩子好喜歡，每天睡前都要看。他也喜歡佩琪．芮士曼的《晚安，猩猩》（上誼，二〇一五），一直不睡覺一直搗蛋還沒被發現的猩猩，可能讓他覺得看見了自己吧！

和老大不同，老二似乎沒那麼喜歡書。或許只是時候未到，畢竟他才剛三歲。不過，他很喜歡看車子的圖鑑，如《我是小小知識王17—超級跑車小百科》（世一，二〇一七），還有關於車子的繪本，比如《汽車大集合：小朋友最愛的汽車繪本套書》（五南，二〇一七）。他沒有經常要我念故事給他聽，除了瑞典作家 Anna-Clara Tidholm 的《想想辦法吧！》（Alfabeta，一九九三）。這本書的故事很簡單，因為下雨了不能出去玩，玩偶在家好無聊，所以就說「想想辦法吧！」然後就開始辦家家酒、玩球、畫畫……最後，大家都累了就去睡覺。那陣子常下雨，他也只能待在家，大概特別有共鳴吧。

一起讀比讀什麼重要

雖然老二對讀繪本目前興趣缺缺，但他卻非常喜歡和我一起編故事，每天睡前都要我講「小朋友」的故事。我和孩子編故事多從日常取材，比如：「從前有一個小朋友，他不睡覺……」（小朋友當然就是老二本人啦！）然後視情況和我們當天的心情，這個故事會變成一天的流水帳，或是天馬行空的狂想：「然後他去公園挖沙，挖出了一個恐龍骨頭／一個地下隧道／一個美人魚，接著，他把恐龍骨頭帶回家／他走下隧道／美人魚和他說……」

老大小時候，我們也會改編童話。在我們的想像中，后羿射日，是因為十個太陽跑出來踢足球，后羿在射日之前，就已經被曬成半個人乾，但還是舉步維艱去射日。年獸不是只有一隻，也沒有被鞭炮嚇跑，而是全家出動，獵到一整座山的人，自己吃不完還宅配給全球怪物。豌豆公主並不是因為嬌生慣養，所以才會被一顆豌豆驚擾得睡不著，而是因為她的國家豌豆歉收，她想要找到品種更好的豌豆，周遊列國，最後在某個國家的床墊下，發現了她一直在尋找的完美豌豆，還和擅長種豌豆的王子結婚，共同研發更多品種的豌豆……

當然啦，我不是每次都有靈感、力氣和意願和孩子講故事。當我累到只想趕快哄孩子睡著，就會講：「從前從前，有一個小朋友，他叫他媽媽講故事，他媽媽就講了一個故事，關於從前從前，有一個小朋友，他叫他媽媽講故事，他媽媽就講了一個故事……」

上床囉
好朋友
親愛的動物園
WYMYŚL COŚ!
ANNA-CLARA TIDHOLM
米米
玩收拾
好餓的毛毛蟲
Busy Builders
Rebecca Finn
Ken Wilson-Max
Big Yellow Taxi
TA-DA
CANIZALES
晚安，猩猩
早安！
文・圖 珍奧莫羅得
譯 漢聲雜誌
漢聲精選
晚安！
文・圖 珍奧莫羅得
譯 漢聲雜誌
漢聲精選

這麼偷懶，孩子當然不買帳，只好再想別的故事。有時候，孩子們自己會好心的把故事接完。我覺得，和幼兒讀書或講故事，重點倒不一定是「講什麼」、「傳達了什麼」，而是陪伴。大家可以一起念一些東西，或講一些話，聆聽彼此，我也可以從孩子說的話中，觀察他們的成長狀態、情緒和語言進步的程度，這樣就很好了。這樣陪伴看似微小，但其實是日後溝通對話的基礎。如果和孩子談心就像種樹，那也要先從鬆土開始啊。

這一夜我們共讀了……

1. 《小寶寶翻翻書：上床囉＋好朋友＋衣服＋小寶寶》（*Babies [Lift the Flap Book] Board Book: Bedtime+ Friends+ Getting Dressed+ Babies*），馬梭．普萊斯／文，摩意拉．肯波／圖，上誼文化出版，一九九四年。
2. 《親愛的動物園》（*Dear Zoo*），羅德．坎貝爾／文圖，鄭榮珍／譯，上誼文化出版，二〇〇一年。
3. 《小寶寶驚奇拉長書：小鱷魚》（*Little Croc [Pull-Out Pals]*），Emma Dodd／文圖，賴美伶／

譯，上人文化出版，二〇〇八年。

4. 《TA-DA !!》，Canizales／文圖，Tatarak 出版，二〇一八年。

5. 《好餓的毛毛蟲》（*The Very Hungry Caterpillar*），艾瑞．卡爾／文圖，鄭明進／譯，上誼文化公司，一九九七年。

6. 「Busy 書系」（*Campbell Busy Books*），共四十八本，不同插畫家和出版時間，Campbell Books 出版。

7. 《黃色大計程車》（暫譯，*Big Yellow Taxi*），Ken Wilson-Max／文圖，David Bennett Books 出版，一九九五年。

8. 《米米玩收拾》，周逸芬／文，陳致元／圖，和英文化出版，二〇一六年。

9. 《米米坐馬桶》（二版），周逸芬／文，陳致元／圖，和英文化出版，二〇一六年。

10. 《早安》（*Sunshine*），珍奧莫羅德／文圖，漢聲雜誌／譯，英文漢聲出版，二〇一四年。

11. 《晚安》（*Moonlight*），珍奧莫羅德／文圖，漢聲雜誌／譯，英文漢聲出版，二〇一四年。

12. 《晚安，猩猩》（*Good Night, Gorilla*），佩琪．芮士曼／文圖，郭恩惠／譯，上誼文化出版，二〇一五年。

13. 《我是小小知識王17—超級跑車小百科》，葉毓中／文，世一出版，二〇一七年。

14. 《汽車大集合：小朋友最愛的汽車繪本套書》（*Das große Auto Wimmelbuch & Baustelle Wimmelbuch & Auto Wimmelbuch*）史蒂芬．塞德爾、史蒂芬．榮波／文圖，牟羿達／譯，五南出版，二〇一七年。

15. 《想想辦法吧！》（暫譯，*Hitta på!*），Anna-Clara Tidholm／文圖，Alfabeta 出版，一九九三年。波蘭文譯名：*Wymyśl coś !*。

第二十三夜

孩子們自選的圖書（小童）

從「媽媽念給我聽」到「我自己念」

就像播下的種子好一陣子沒動靜，突然有一天發芽，而且愈長愈高一樣，孩子的閱讀能力，和對閱讀的興趣，好像也會在瞬間突飛猛進。老大小時候只會咬書、啃書，後來慢慢開始聽我讀小寶寶翻翻書，和關於車子的書，比如中川宏貴的《這是公車》（阿布拉，二〇一〇）、劉旭恭的《誰的家到了？》（信誼，二〇一三）、間瀨直方的《坐電車出發坐電車回家》（信誼，二〇〇八）還有法國出版社 Fleurus Editions 出版的一系列關於男孩與車的故事，每個故事都是關於一個男孩去駕駛交通工具，如火車／飛機／公車／計程車／跑車／船／推土機，甚至還有聖誕老公公的雪橇……

然後在他大約四歲半時，有一天，他突然會自己念一本書了。那是福田直的《蘋果是我的！》（親子天下，二〇〇八），關於一群動物肚子很餓，去搶一顆蘋果，但只有猴子搶到。於是，所有的動物翻山越嶺追趕猴子，要搶回那顆蘋果。最後牠們發現猴子不是為了自己，而是為了小猴子搶蘋果，大家就「算了算了」，把蘋果留給猴子一家。聽著孩子用稚嫩、臭乳呆的聲音講這個故事，不禁覺得，這個溫暖的故事變得更暖心了啊！

另一本他喜歡念的書是《誰吃了我的蘋果？》（維京，二〇一三），這本書的故事也很簡單，在講一隻肚子餓得咕嚕咕嚕叫的老鼠，看到一顆蘋果從樹上掉下來，正要高興的去撿，卻發現蘋果掉到洞裡被吃掉了。傷心又憤怒的老鼠於是去問長頸鹿、鱷魚、蛇、長臂猿、鶴……是不是牠們吃了蘋果。

念這本書給孩子聽時，我們還住在波蘭，那時候我還抱著要用繪本教他中文的使命感，所以遇到孩子不懂的字，我不會迴避，也不會簡化它，而是會和孩子解釋，希望這樣可以增加詞彙量。當我們念到老鼠「拖著沉重的腳步在森林裡走著」，我不知道怎麼解釋沉重，於是站起來走給他看，嘴裡還發出粗重的喘息聲。後來，每次他自己念到這部分，就會站起來表演老鼠邊走邊喘的樣子（這應該表示，他真的明白了意思吧）。

乘著想像力的翅膀探索

老大在三到六歲期間喜歡什麼類型的書？這問題很難回答，因為喜歡的內容、畫風實在太廣、太多元了。有走可愛溫馨路線的《古利和古拉》系列（信誼，二〇一五）和岩村和朗的《十四隻老鼠》系列（英文漢聲，二〇一九），也有走狂想路線的《海底來的秘密》（格林，二〇〇六）、《這是蘋果嗎？也許是喔》

（三采，二〇一四），結合科普和奇想的《猩猩遊戲》（青林，二〇一三）、《爸爸是海洋魚類生態學家》（小魯，二〇一三）、《魚市場》（步步，二〇一七），結合哲學與奇想的《做一個機器人，假裝是我》（三采，二〇一五），知識性繪本如《大象林旺是怎麼到動物園？：一趟 2000 公里的長征》（小典藏，二〇一四）。孩子似乎在透過閱讀這些不同的書，試探自己的興趣。如果說它們有什麼共同點，大概就是都很有想像力。

在年紀還小的孩子眼中，想像和現實的界線，應該不像大人那樣壁壘分明，他們看到書中有樓梯，會把腳伸上去想要爬，看到電腦上的影片在賣東西，會說「拿出來」。或許這是為什麼，孩子這麼喜歡有想像力的故事，比如：葉子突然變成有生命的鳥（《葉子鳥》，信誼，二〇〇九）；家裡突然出現一隻會表演馬戲的鱷魚，還和一家人成了好朋友（《東88街上的那棟房子》，阿布拉，二〇一九）；洗澡洗一洗，竟然可以到地下去探險（《地下100層樓的家》，小魯，二〇一九）或往上爬去和蜘蛛王子看星星（《100層樓的家》，小魯，二〇一八），還有母牛爬上樹的《母牛麗莎羅蒂玩躲貓貓》（Fischer Verlag，二〇一二）。

想像，有時候也是可以實現的。我想，這是為什麼老大那麼喜歡兩個男孩運用手邊材料，造了一架飛機的《好無聊喔！》（英文漢聲，二〇一五）。想像，也可以讓平凡的現實變得有趣，比如童嘉的《媽媽變魔術》中（親子天下，二〇一四），媽媽幫孩子把找不到的東西找出來，孩子卻解讀為，媽媽把不見的東西變出來，訓斥的話語「你放在哪裡就在哪裡」，也搖身一變成了魔法咒語。這本書不只孩子讀起來很有共鳴，我讀了也會心一笑，因為我小時候找不到東西，我媽媽就會跟我說：「你放在哪裡就在哪裡。」或「大眼睛，它在看你喔。」

讀書的孩子，讓書陪伴自己

在這些有想像力的書之中，有一本書是比較特殊的，老大不知道為什麼

有時候，
莫里斯會迷失在書裡，
幾乎好幾天不見人影。

莫里斯的家被龍捲風吹毀了，他心愛的書也都不見了。在不知所措、茫然亂晃時，莫里斯看到了一本會飛的書，被吸引尾隨而去，發現了一棟房子，進入了一個不可思議的世界……

《神奇飛天書》 威廉．喬伊斯／文，喬．布盧姆／圖，劉清彥／譯，小天下出版。

在船場，起重機正把裝滿魚的漁網吊起來。
一直升到工作台的上方，把綁住魚網網口的繩子鬆開，
魚就唰～的掉下來了。
「這些是近海捕獲的花腹鯖魚。」爺爺說。
花腹鯖魚通過輸送帶，被送進一個大的容器裡。
爺爺說：「接下來，我們去看鮪魚吧。」

小清一大早就起床，去看爺爺、爸爸和媽媽工作的魚市場。她在那裡不只看到了許多魚，也看到了魚市場運作的情形。

《魚市場》 安江惠／文，田中清代／圖，高明美／譯，步步出版。

特別喜歡它，一直不斷要我念。後來，我們還看了動畫版（其實是先有動畫才有書）。這本書是《神奇飛天書》（小天下，二〇一三）。和一般歡樂有趣的童書不同，這本書的主題是沉重的，雖然作者用輕盈的方式處理。故事主人翁莫里斯的家被龍捲風吹毀了，他心愛的書也都不見了，甚至連書上的字句都隨風而逝。舉目所見滿目瘡痍，到處都是失去了心愛事物、無家可歸的人。在不知所措、茫然亂晃時，莫里斯看到了一本會飛的書，被吸引尾隨而去，發現了一棟房子，裡面滿滿都是飛來飛去的書。莫里斯決定留下來照顧這些書，閱讀這些書，也擔任圖書管理員，把書借閱給需要它們的人，就這樣過了許多年，直到他有一天垂垂老矣，必須和這些書道別……

我很喜歡這本書，因為可以從中看到一部分的自己，因為不管世界再怎麼殘破，還是有書可以給我一個安靜的角落。或許，孩子也看到了他自己，所以才那麼喜歡吧。從小，他就在充滿書的環境中長大，家裡到處都是我的書，他爸爸的書（只是爸爸的書不能亂動，媽媽的可以），他自己的書。我們經常在閱讀，也和他一起閱讀。對他來說，書就是生活的一部分，就像朋友一樣親切。等他慢慢長大，可以自己看書了，他也確實把書當成好朋友，沒事的時候、生氣哭泣後想要冷靜下來時、睡覺前……都會讀書。有時候，他讀入迷了，叫他去吃飯或睡覺都不要呢。我們不再需要無時無刻陪伴他，和他一起讀書，而是他自己會找書來陪他。等他認識的字夠多，可以自己讀懂，他也會選擇他感興趣的書，愈來愈脫離我們的影響，不像盆栽，而是像野草一樣，長出自己的樣子了。

這一夜我們共讀了……

1. 《這是公車》（*My Happy Bus*），中川宏貴／文圖，林真美／譯，阿布拉文化出版，二〇一〇年。
2. 《誰的家到了？》，劉旭恭／文圖，信誼出版，二〇一三年。
3. 《坐電車出發坐電車回家》（でんしゃでいこうでんしゃでかえろう），間瀨直方／文圖，高

猩猩遊戲
東88街上的那棟房子
神奇飛天書
大衛威斯納
海底來的秘密
古利和古拉
Alexander Steffensmeier
Krowa Matylda bawi się w chowanego
這是公車
這是蘋果嗎？也許是喔
地下100層樓的家
100層樓的家

明美／譯，上誼出版，二〇〇八年。

4.《蘋果是我的！》（りんごがいとつ），福田直／文圖，黃郁欽／譯，親子天下出版，二〇〇八年。

5.《誰吃了我的蘋果？》（내 사과，누가 먹었지？），李在民／文，金賢／圖，張琪惠／譯，維京國際出版，二〇一三年。

6.《古利和古拉》（ぐりとぐら），中川李枝子／文，大村百合子／圖，林立／譯，信誼出版，二〇一五年。

7.《十四隻老鼠系列》，岩村和朗／文圖，漢聲雜誌／譯，英文漢聲出版，二〇一九年。

8.《海底來的秘密》（*Flotsam*），大衛威斯納／文圖，格林文化出版，二〇〇六年。

9.《這是蘋果嗎？也許是喔》（りんごかもしれない），吉竹伸介／文圖，許婷婷／譯，三采文化出版，二〇一四年。

10.《猩猩遊戲》（ゴリラとあそんだよ），山極壽一／文，阿部弘士／圖，張東君／譯，青林國際出版，二〇一三年。

11.《爸爸是海洋魚類生態學家》，張東君／文，陳維霖／圖，小魯文化出版，二〇一三年。

12.《魚市場》（うおいちば），安江惠／文，田中清代／圖，高明美／譯，步步出版，二〇一七年。

13.《做一個機器人，假裝是我》（ぼくのニセモノをつくるには），吉竹伸介／文圖，許婷婷／譯，三采文化出版，二〇一五年。

14.《大象林旺是怎麼到動物園？…一趟 2000 公里的長征》，張東君／文，黃麗珍／圖，小典藏出版，二〇一四年。

15.《葉子鳥》，孫晴峰／文，睡眠／圖，信誼出版，二〇〇九年。
16.《東88街上的那棟房子》（二版）（*Lyle, Lyle, Crocodile*），伯納・韋柏／文圖，黃又青／譯，阿布拉文化出版，二〇一九年。
17.《地下100層樓的家》（二版）（ちか100かいだてのいえ），岩井俊雄／文圖，周佩穎／譯，小魯文化出版，二〇一九年。
18.《100層樓的家》（二版）（100かいだてのいえ），岩井俊雄／文圖，周佩穎／譯，小魯文化出版，二〇一八年。
19.《母牛麗莎羅蒂玩躲貓貓》（暫譯，*Lieselotte versteckt sich*），Alexander Steffensmeier／文圖，Fischer Verlag 出版，二〇一二年。波蘭文譯名：*Krowa Matylda bawi sie w chowanego*。
20.《好無聊喔》（*Bored—nothing to do!*），彼得史比爾／文圖，漢聲雜誌／譯，英文漢聲出版，二〇一五年。
21.《媽媽變魔術》（創作十四週年紀念版）童嘉／文圖，親子天下出版，二〇一四年。
22.《神奇飛天書》（新版）（*The Fantastic Flying Books of Mr. Morris Lessmore*），威廉・喬伊斯／文，喬・布盧姆／圖，劉清彥／譯，小天下出版，二〇二〇年。

第二十四夜

孩子們自選的圖書（大童）

從「教孩子」到「讓孩子自己學」

雖然從小孩出生，媽媽就一直在放手（放手不是從小孩會走會爬、會說「不要」才開始，而是從他脫離母體自己呼吸就開始了喔），但我真正意識到這個分水嶺，是老大去上小學。

上小學後，父母的教育對孩子來說已經不是唯一，也不再是主要的學習管道。現在的大兒子有了明確的興趣，也自己決定要從什麼管道（書本、學校、網路）吸收知識。據我觀察，目前他對科學、數理、統計的興趣十分濃厚。他熟記汽車品牌和火車型號。有一天，他發現計程車以豐田汽車（Toyota）最多，於是在街上統計計程車有幾輛是豐田，占多少比率。

我們後來上網一查，發現不只是計程車，豐田也是全臺灣汽車裡市占率最高的。至於為什麼計程車司機偏愛豐田？我問了一個計程車司機，他說那是因為零件好找，還有冷氣夠強，面對亞熱帶天氣，歐美車的冷氣不夠有力。

兒子喜歡的書也反映了他的興趣。會認字後（雖然認注音和國字是一條慘痛的天堂路），他漸漸開始喜歡漫畫和字比較多的書（所謂橋梁書），他從圖書館借《尋寶記》系列（世界歷史探險系列，三采，二〇二〇）、《科學實驗王》系列（三采，二〇二〇）和《小淘氣尼古拉的新故事》系列（網路與書，二〇一〇）……而爸爸買給他的《新知識雙語百科》（閣林，二〇〇六）和外公買給他的《漫畫大英百科》套書（三采，二〇一八）他也是一看再看。

我必須老實又慚愧的說，他廢寢忘食都要讀的這些書，我一本都沒讀過！

所以，我也沒辦法和他討論交流，只能在他跑來告訴我各國文化和科學新知時，比如什麼是U化，世界上最長的腳踏車可以載幾個人（不過他說這不是從書上知道的，而是從網路上的影片），說：「喔，是這樣的啊。」問一句：「你是怎麼知道的啊？」偶爾提醒：「書上說的不一定是對的喔，還是要查證。」然後，他就會有點不耐煩的說：「我知道啦！」

真正的做中學

除了吸取知識，逐漸長大的孩子，也會透過實踐運用已知的知識，並學習更多知識。大兒子一直很喜歡用 Scratch 做動畫。最近，他在外公的鼓勵下，開始用 Scratch 做介紹臺灣的動畫。於是，他自己做配樂，自己上網找資料，看臺灣各地有什麼特色……然後用 Google translate 把介紹文字轉換成英文，又錄了中文配音。在做的過程中，他一度很挫敗、憤怒，因為一次說一長段話，容易緊張說錯，而他又不知道錄好的音效要如何剪輯。我對Scratch不熟無法幫他，但他生完氣，第二天就找到剪輯的功能了。同樣的，他也靠自己上網查詢，學會了螢幕截圖。

最後做出來的動畫（目前做了臺北、新北、桃園）很漂亮豐富，特別是新北和桃園。我覺得有趣的是，對於臺北的介紹，他主要在介紹臺北的交通運輸系統（捷運、臺鐵、高鐵），而不是介紹知名觀光景點，比如101大樓，龍山寺，象山等。我問他：「為什麼不介紹這些東西？」他說：「臺北好像沒什麼有趣的景點，有趣的大家都知道了。」雖然很想跟他說：「臺北也有很多有趣的地方喔。」但是孩子有自己的觀察，自己的規畫，身為媽媽的我，要尊重他的想法啊。

喜歡自己動手做的他，小時候會照著《用紙杯做玩具》（英文漢聲，二〇一三）用紙杯做小船、蛇、不倒翁、章魚，長大後則愛上了《孩子的第一套STEAM繪遊書》（小木馬，二〇二〇）。這套書的亮點除了可以從科學、技術、工程、藝術、數學這些不同的角度切入同一個故事，每本書都有可以讓孩子DIY做實驗的附件。比如《黃色小鴨躲颱風：看設計團隊如何保護巨大藝術品》中有一個小鴨的附件，孩子要想辦法在小鴨的肚子中放一顆石頭，還能讓小鴨在水中浮起來。《火車鑽進地底下：看工程師如何打造世界第一條地鐵》的附件則是隧道（要看什麼形狀的隧道最堅固），《藏羚羊的回家之路：看青藏鐵路如何維護動物遷徙》的附件則是生態廊道。雖然實驗不一定會成功（比如小鴨浮不起來），或是實驗出來的結果，和書上寫的不符合（我們做出來是三角形的隧道的最堅固，但書上寫最堅固的是圓形，我的常識也告訴我是圓形），但最重要的是實驗和修正的過程。

共讀不一定要讀一樣的東西

不過，兒子還是會看繪本和文學性比較強的故事書，大部分還是和科學

《露西實驗室》融合科學知識、公民知識又貼近小學生活，看了之後會覺得，能在那樣開放又鼓勵學生自主學習的小學上學真棒啊！

《露西實驗室》 蜜雪兒．胡慈／文，伊莉莎白．澤蔻兒／圖，周宜芳／譯，字畝文化出版。

知識有關，比如講棒球場結構的《棒球場的一天》（小光點，二〇一九）、融合科學知識、公民知識又貼近小學生活的《露西實驗室》系列（字畝，二〇一八），用輕鬆幽默方式傳導生物知識的《吃炸雞也能搞懂恐龍：餐桌上的骨頭充滿進化之謎》（世茂，二〇一〇）。但是，他也看輕鬆幽默的故事，比如安迪．格里菲斯和泰瑞．丹頓合著的《瘋狂樹屋》系列（小麥田，二〇二〇），他也非常喜歡童嘉的《我家系列》（親子天下，二〇一七），還會興致勃勃的說：「媽，他們家有個烏龜園耶，他們自己蓋房子和種菜耶。」然後夢想，如果我們家也可以種菜和蓋房子會怎樣。

有時候，他喜歡的書令我驚訝，比如他很喜歡童嘉的《不老才奇怪》（遠流，二〇〇七），我原本以為，這樣在講結婚和育兒辛苦（還包括育盆栽）的書，應該是我比較會有共鳴，但是他很喜歡，也許是看小孩調皮、媽媽抓狂很開心。或許，他也是出於同樣的理由喜歡薛慧瑩的《大的小的：媽媽與小孩的日常生活大戰》（小典藏，二〇一九）、Mikey（倔強手帳）的《爆笑娘的厭世育兒日誌：你家的豬隊友會比我的神嗎？》（野人，二〇一九）、徐玫怡的《媽媽的福利時代：徐玫怡的放養圖文筆記書》（親子天下，二〇一九）甚至是我的《憤世媽媽》（木馬，二〇一九）。

以上這些書，有些是原本在我書架上，有些是孩子自己說要買來看的。我發現他看某本書，看得津津有味，想了解他的世界，於是我也拿起來看，然後發現真的很好看（比如《露西實驗室》或《我家系列》）。而育兒書則是我買來給自己看，意外發現孩子很喜歡（他最喜歡《大的小的》，看了好多次）。有時候，我想推薦一些書給他，但他在那個時間點沒興趣，後來學校推薦學生看的時候，他就有興趣了，而且看完後覺得很好看，安東尼・聖修伯里的《小王子》就是這樣一本書。

我不知道以後孩子還會有什麼樣的興趣、會喜歡哪些書，我也不知道這樣交換書、交流讀書心得的日子還可以持續多久，但我很珍惜目前的共讀時光。共讀不一定是讀同樣的東西，也可以讀不同的東西，然後對話。

這一夜我們共讀了……

1.《世界歷史探險系列》（一～四十八集）（세계탐험만화역사상식），Gomdori co. 等／文，姜境孝／圖，徐月珠／譯，三采文化出版，二〇二〇年。
2.《漫畫科學實驗王系列》（一～四十八集）（내일은실험왕），Gomdori co.、Story a. ／文，Hong Jong-Hyun ／圖，徐月珠／譯，三采文化出版，二〇二〇年。

3.《小淘氣尼古拉的新故事》（第一到五集套書）（*Histoires inedites du Petit Nicolas*），勒內．戈西尼／文，桑貝／圖，戴捷／譯，網路與書出版，二〇一〇年。

4.《新知識雙語百科》（全套六十冊，含 CD）（*New Book of Knowledge*），王存立、陳育仁／主編，閣林出版，二〇〇六年。

5.《漫畫大英百科》（全套五十冊）（브리태니커 만화백과 50권 세트），BomBom Story／文，李正泰等人／圖，徐月珠等人／譯，三采文化出版，二〇一八年。

6.《用紙杯做玩具》（かみコップでつくろう），吉田公麿／文圖，漢聲雜誌／譯，英文漢聲出版，二〇一三年。

7.《孩子的第一套 STEAM 繪遊書》（全十冊，加贈親師手冊），黃健琪等／文，廖若凡等／圖，木馬文化，二〇二〇年。

8.《棒球場的一天》（野球場の一日），岩田慎二郎／文圖，林宜柔／譯，小光點出版，二〇一九年。

9.《露西實驗室 1-3 套書》（*Lucy's Lab 1-3*），蜜雪兒．胡慈／文，伊莉莎白．澤蔻兒／圖，周宜芳／譯，字畝文化出版，二〇一八年。

10.《吃炸雞也能搞懂恐龍：餐桌上的骨頭充滿進化之謎》（フライドチキンの恐竜学：食卓の骨には進化のナゾがつまっている），盛口滿／文圖，張東君／譯，世茂出版，二〇一〇年。

11.《瘋狂樹屋》（全套共九冊）（*The Treehouse Series*），安迪．格里菲斯／文，泰瑞．丹頓／圖，韓書妍／譯，小麥田出版，二〇二〇。

12.《我家系列一～四》，童嘉／文圖，親子天下出版，二〇一七年。

13.《不老才奇怪》，童嘉／文圖，遠流出版，二〇〇七年。

14.《大的小的：媽媽與小孩的日常生活大戰》，薛慧瑩／文圖，小典藏出版，二〇一九年。
15.《爆笑娘的厭世育兒日誌：你家的豬隊友會比我的神嗎？》，Mikey（倔強手帳）／文圖，野人文化出版，二〇一九年。
16.《媽媽的福利時代：徐玟怡的放養圖文筆記書》，徐玟怡／文圖，親子天下出版，二〇一九年。
17.《憤世媽媽》，林蔚昀／文圖，木馬文化出版，二〇一九年。
18.《小王子（胡晴舫專文導讀二〇一五文學強譯本）》（*Le Petit Prince*），安東尼·聖修伯里／文圖，繆詠華／譯，二魚文化出版，二〇一五年。

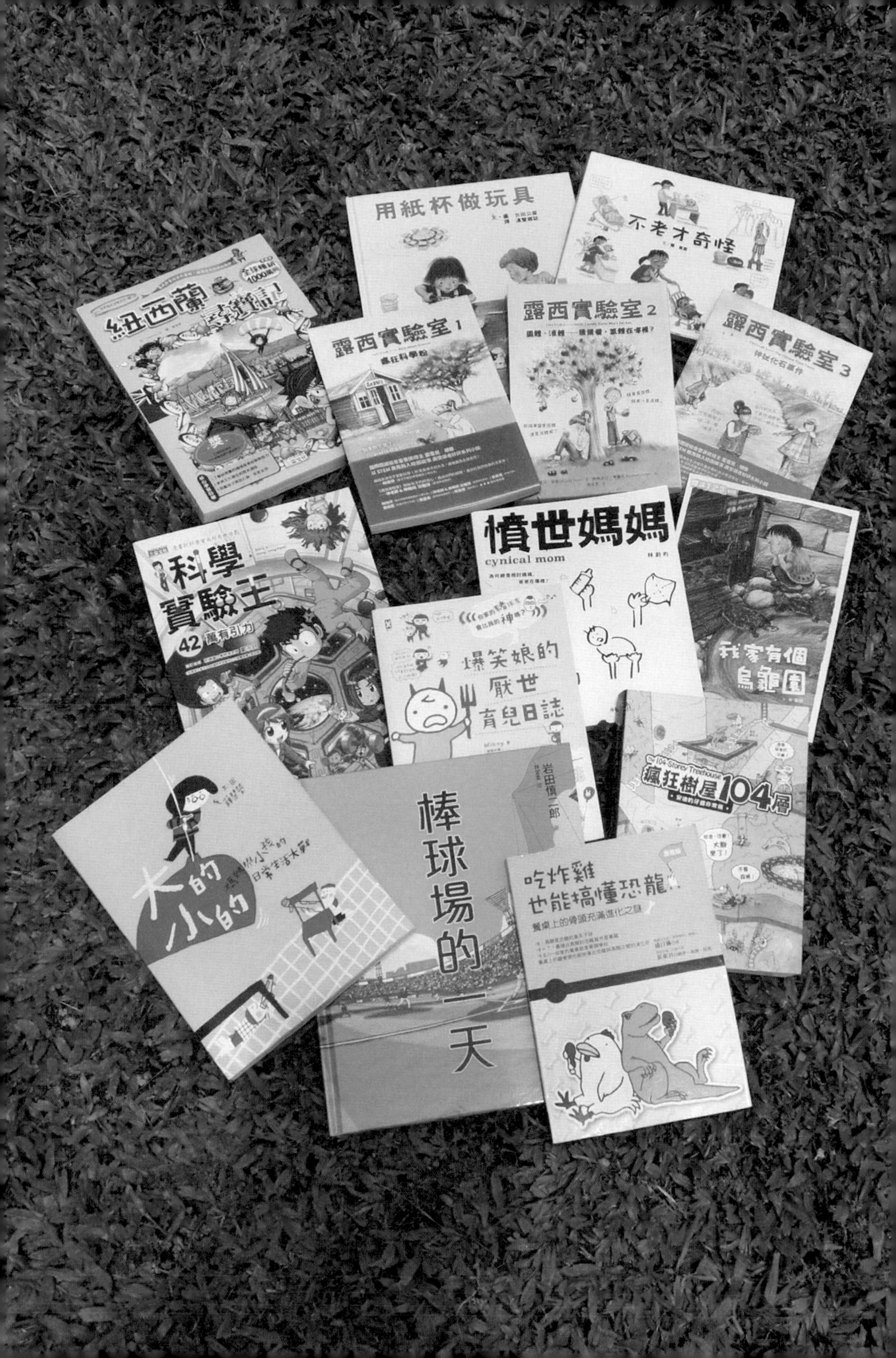
用紙杯做玩具
不老才奇怪
紐西蘭尋寶記
露西實驗室1
瘋狂科學粉
露西實驗室2
露西實驗室3
科學實驗王
42 萬有引力
憤世媽媽
cynical mom
林蔚昀
我家有個烏龜園
爆笑娘的厭世育兒日誌
大的小的
棒球場的一天
岩田慎二郎
The 104-Storey Treehouse
瘋狂樹屋104層
吃炸雞也能搞懂恐龍！
餐桌上的骨頭充滿進化之謎

國家圖書館出版品預行編目（CIP）資料

大人和小孩的一千零一夜：給父母的床邊故事，讓大人了解孩子，以及自己心中的孩子 / 林蔚昀文；Bianco 圖 . -- 初版 . -- 新北市：字畝文化，2020.08
264 面、21X15X1.6 公分 --（Education；8）
ISBN 978-986-5505-30-1（平裝）
1. 親職教育 2. 閱讀指導
528.2 109009644

Education 008

大人和小孩的一千零一夜
——給父母的床邊故事，讓大人了解孩子，以及自己心中的孩子

作　　者｜林蔚昀
插　　圖｜Bianco

社　　長｜馮季眉
編輯總監｜周惠玲
編　　輯｜戴鈺娟、李晨豪
封面設計｜Bianco
內頁美術｜張簡至真
攝　　影｜戴鈺娟、李晨豪

出版｜字畝文化
發行｜遠足文化事業股份有限公司
地址：231 新北市新店區民權路 108-2 號 9 樓
電話：(02)2218-1417　傳真：(02)8667-1065
電子信箱：service@bookrep.com.tw
網址：www.bookrep.com.tw
郵撥帳號：19504465 遠足文化事業股份有限公司
客服專線：0800-221-029

讀書共和國出版集團
社長｜郭重興
發行人兼出版總監｜曾大福
印務經理｜黃禮賢
印務主任｜李孟儒

法律顧問｜華洋法律事務所　蘇文生律師
印製｜凱林彩印股份有限公司

2020年8月　初版一刷　定價：360元
ISBN 978-986-5505-30-1　書號：XBED0008